Elizabeth Clare Prophet

Die Kraft deines Höheren Selbst

DIE KRAFT DEINES HÖHEREN SELBST

ELIZABETH CLARE PROPHET

Aus dem Amerikanischen von Andrea Fischer

//////////////// SILBERSCHNUR ////////////////

Summit University Press · 63 Summit Way, Gardiner, Montana 59030, U.S.A.
Tel.: 406-848-9500 – Fax: 406-848-9555
info@summituniversitypress.com · www.summituniversitypress.com

ISBN: 978-3-89845-263-2

1. Auflage 2009   2. Auflage 2012

Übersetzung: Andrea Fischer
Gestaltung & Satz: XPresentation, Güllesheim
Druck: Finidr, s.r.o. Cesky Tesin

Verlag "Die Silberschnur" GmbH · Steinstr. 1 · 56593 Güllesheim
www.silberschnur.de · Email: info@silberschnur.de

INHALTSVERZEICHNIS

EINE GEGENWART,
DIE ÜBER MIR WACHT

In der Nacht, bevor ich geboren wurde, hatte meine Mutter eine Vision. Sie erwachte durch ein strahlend-leuchtendes Licht am Fußende ihres Bettes, es war eine große, pulsierende Säule aus weißem Feuer. "Das ist die Gegenwart Gottes", sagte sie zu sich. Sie fühlte sich von einem Gefühl der Ruhe und des Trostes erfüllt. Sie wusste, dass diese Gottesgegenwart sie sicher durch die Geburt begleiten und über ihrem Kind wachen würde.

Diese Gottesgegenwart, die zuweilen auch als "Höheres Selbst" bezeichnet wird, hat in der Tat über mir Wache gehalten – bei größeren und kleineren Missgeschicken in der Kindheit sowie bei ernsthaften Herausforderungen als Erwachsene. Sie ist auch immer meine untrügliche Quelle der Liebe, der Führung, der Inspiration und der grenzenlosen spirituellen Energie gewesen.

Ich weiß nie, wann mein Höheres Selbst wieder einschreiten und mein Leben entscheidend verändern wird. Eines schönen Tages im Frühling beispielsweise, als ich an der Universität von Boston studierte, eilte ich zur Tür meines Studentenwohnheimes hinaus, als ich eine Stimme in mir sagen hörte: "Zieh' dir deinen dicken Wintermantel an." Ich wusste genau, welcher Mantel gemeint war. Er war dick und mit Alpaka-Imitat gefüttert. Ich dachte bei mir: "O.k., das ist das Verrückteste, was ich jemals gehört habe, aber ich werde ihn anziehen."

Doch mein Höheres Selbst war nicht zufrieden. "Zieh' dir deine dicken Handschuhe an", sagte die Stimme. "Das kann nicht ernst gemeint sein", sagte ich zu mir. "Ich werde den Mantel anziehen, aber diese dicken Handschuhe werde ich bestimmt nicht anziehen - es ist einfach zu warm!"

Also zog ich den Mantel an und rannte hinaus auf die Straße, fast schon zu spät für meine Vorlesung. Um eine Straße zu überqueren, zwängte ich mich durch einige Autos hindurch, die an einer Ampel angehalten hatten - und bamm! kam ein

Fahrrad an einem der Autos vorbeigesaust und fuhr mich glatt an. Es schleuderte mich zu Boden, und ich fing mich mit meinen ungeschützten Händen ab. Ich schlug wie ein Häufchen Elend auf dem Boden auf. Mein Körper war durch den Mantel geschützt. Die Hände schürfte ich mir jedoch auf.

Mein Höheres Selbst hatte mich davor bewahrt, dass ich ernsthaft verletzt worden war, doch es konnte mich nicht vor meiner eigenen Sturheit bewahren. Die Lektion, die ich an jenem Tag gelernt hatte, lautete, dass es wertvoller ist, mit meinem Höheren Selbst in Kontakt zu stehen, als alles andere in meinem Leben.

Die Vorstellung, dass jeder von uns eine personalisierte Gegenwart Gottes bei sich hat, ist nicht neu. Immer wieder im Verlauf der Geschichte haben Menschen die Gegenwart Gottes gesehen. Sie beschreiben sie als ein Licht, als eine Kraft und als Herrlichkeit. Sie ist der Stern, den die Weisen sahen, als sie auf der Suche nach dem Jesuskind waren. Sie ist die Feuersäule, die die Kinder Israels durch die Wüste führte und die Herrlichkeit Gottes, die Moses, den Propheten und den jüdischen Mystikern erschienen ist.

Es ist der Körper der Wahrheit, den die Buddhisten die "höchste Dimension" nennen. Im "tibetischen Totenbuch" wird berichtet, dass dieser Körper der Wahrheit den Menschen nach dem Tod als "riesige Lichtmasse" erscheint.[1]

Er ist auch ein wichtiger Bestandteil der westlichen Spiritualität. Meine Mutter hatte darüber aus den Schriften von Guy W. Ballard erfahren. Sie hatte seine "ICH BIN"- Reden ("I Am Discorses") auf ihrem Nachttischchen liegen. Er schreibt, dass die ICH BIN-Gegenwart die Quelle aller Kraft, allen Wissens und aller Liebe ist. Meine Mutter hatte außerdem die Werke von Helena Blavatsky gelesen, die im 19. Jahrhundert die "Theosophische Gesellschaft" gegründet hatte. Blavatsky beschreibt eine "spirituellgöttliche Monade" als Quelle der Essenz des Lebens.[2]

Ralph Waldo Emerson beschreibt die "Über-Seele" als Prinzip, das unseren Körpern Leben verleiht. Er bezeichnet es als ein Licht, das "durch uns auf Dinge scheint", die Quelle unserer Genialität, Tugend und Liebe, als "reine Weisheit und nur gut".[3]

Wenn Sie sich mit dieser Gegenwart eins fühlen, fühlen Sie sich mit Ihrem gesamten Leben eins. Der amerikanische Mystiker Howard Thurman schrieb, dass er sich manchmal mit einer "Gegenwart" eins fühlte, wenn er in einem Ruderboot zum Fischen auf den Fluss bei seinem Haus in Florida hinausgefahren war. "Es gab Momente, da schienen die Erde, der Fluss, der Himmel und ich ein gemeinsamer Pulsschlag zu sein ... Es stellte sich regelmäßig der Augenblick ein, in dem hinter dem einstimmigen Pulsschlag das Gefühl einer Gegenwart war, die immer zu mir zu sprechen schien ... [Doch] da war keine Stimme. Da war kein Bild. Da war nichts zu sehen – da war Gott."[4]

Auf den folgenden Seiten werden Sie von besonderen Techniken erfahren, die Sie in einen Zustand des Einsseins mit dieser Gegenwart, Ihrer ICH BIN-Gegenwart, bringen werden. Dies ist ein Zustand des Wissens, des Zugehörigkeitsgefühls, der Erinnerung. Sie können diese Techniken einsetzen, egal, welcher Ihr religiöser Hintergrund ist bzw. was Sie praktizieren. Wenn Sie mit dieser Gegenwart auf einer Wellenlänge sind, werden Sie alles anziehen, was Sie brauchen – von Nahrung über Kleidung bis hin zu neuen Freunden und brillanten Ideen. Ja, Sie werden sogar lernen, diesen Zustand des Einsseins willentlich herbeizuführen und die Freude, den Frieden und die Kraft erfahren, die Ihr Geburtsrecht als Sohn oder Tochter Gottes sind.

Elizabeth Clare Prophet

Anmerkung: Alle Geschichten in diesem Buch sind wahre Geschichten. Es wurden jedoch einige Namen auf Wunsch der betreffenden Personen hin geändert.

WAS IST DAS HÖHERE SELBST?

"In der goldenen Hülle ist Brahman [der absolute Gott], rein und ungeteilt; er ist blendend, das Licht aller Lichter ... In ihm scheint nicht die Sonne, auch nicht der Mond, weder die Sterne noch der Blitz. Er scheint, und alle Dinge tanken ihr Licht von ihm. In diesem Licht wird alles erstrahlen."

Mundaka Upanishade 2, 2, 9-10

Stellen Sie sich eine Sonne vor, eine spirituelle Sonne. Sie scheint weiß und heiß zu sein, doch für Sie fühlt sie sich kühl an – denn Sie sind Teil dieser Sonne. Sie sind konzentriertes Licht, Energie und Bewusstsein, Sie strotzen vor Potenzial.

Diese Sonne ist die spirituelle Quelle allen Lebens. Sie hat keine räumlichen Koordinaten. Sie ist von Ihnen nicht räumlich getrennt. Sie existiert einfach als reiner Geist.

Diese Sonne ist Licht. Sie ist Gott. Sie ist Ihr Vater und Ihre Mutter. Man nennt sie die "Zentralsonne".

Einst war es für Sie ein Genuss, ein Teil dieser Sonne zu sein. Sie schwelgten in dem Gefühl des Einsseins mit der gesamten Schöpfung. Doch Sie wollten auch mit Ihrem Potenzial, mit Ihrer persönlichen Schöpferkraft, experimentieren, mit Ihrer Fähigkeit, Materie mit Geist zu beseelen. Sie traten in andere Dimensionen ein. Manchmal erschufen Sie Dinge perfekt, manchmal nicht perfekt. Vielleicht haben Sie Städte geplant, Skulpturen oder Gärten geschaffen, oder Sie blieben einfach in einem Zustand der Glückseligkeit mit Gottes Geschöpfen.

Damals, als Sie durch die Welt der Form reisten, machten Sie erstmals Bekanntschaft mit dem Nicht-Perfekt-Sein. Indem Sie mit anderen in wechselseitigen Kontakt traten und sich dann selbst der Negativität verschrieben, potenzierte sich das

Nicht-Perfekt-Sein und kam wie ein Bumerang auf Sie zurück. Es schob sich ein Schatten zwischen Sie und die Sonne. Sie verfingen sich im Netz nicht perfekter Schöpfung. Sie vergaßen, wie es war, Teil der großen Sonne zu sein. Sie konnten den Weg zurück in Ihren ursprünglichen Zustand nicht mehr finden.

Ihr feuriges Wesen verlor sich in Schatten und kühlte ab. Jetzt konnten Sie nicht mehr nach Hause zurückkehren, da Sie der Ehrfurcht einflößenden Hitze der Sonne, in der Ihr Geist geschmiedet worden war, nicht mehr widerstehen konnten. Ihre Seele schlief ein, vergaß ihre Wurzeln und ihr Potenzial, wie Gott schöpfen zu können.

Doch Ihr Vater und Ihre Mutter hatten dies vorhergesehen. Sie ließen Sie nicht allein. Sie schenkten Ihnen eine Kopie der großen Sonne, eine ICH BIN-Gegenwart, so dass Sie sich immer daran erinnern können, wo Sie hergekommen sind – und immer eine Möglichkeit besitzen, zurückzukehren. Außerdem schenkten Sie Ihnen einen Mittler, der die Kluft zwischen Ihnen und Ihrer ICH BIN-Gegenwart überbrücken und Ihre Seele zu ihrer verlorenen Identität wiedererwecken

würde. Dieser Mediator zwischen Gott und den Menschen heißt "Christusselbst". Zusammen mit der ICH BIN-Gegenwart bildet das Christusselbst das so genannte "Höhere Selbst", wie dies oft bezeichnet wird.

Was ist die ICH BIN-Gegenwart? Obgleich sie bisweilen als eine Kopie Gottes bezeichnet wird, ist sie mehr als das. Heute können wir von Dingen Millionen von Kopien herstellen, doch diese sind nicht immer mit ihrem Original identisch. Ein Spielzeugflugzeug sieht wie das Original aus, kann jedoch nicht fliegen. Ein Bild von einem Baby, das im "Life"-Magazin abgedruckt ist, kann nicht jauchzen und glucksen. Doch Ihre ICH BIN-Gegenwart ist mehr als nur eine Abbildung oder eine Kopie – sie besitzt all die Qualitäten des Originals. Sie ist Ihre individuelle göttliche Identität, Ihr göttliches Selbst. Und Gott ist Gott und nur Gott – jeder Partikel Gottes enthält das Ganze – ohne Ausnahme.

In diesem Buch werden Sie etwas über Ihre ICH BIN-Gegenwart erfahren, über Ihren direkten Kontakt zur Zentralsonne, und darüber, wie Sie über Ihr Christusselbst wieder in den Zustand des Einsseins mit Gott zurückkehren können, der so nahe ist und doch so fern scheint. Sie werden erfahren, dass Sie dazu bestimmt sind, zu Ihrem Höheren Selbst zu werden. In der Tat ist Ihr Höheres Selbst Ihr wahres Selbst – das Selbst, mit dem Sie sich heute identifizieren, ist nur ein winziger Bruchteil des mächtigen Wesens, das Sie sind.

Wenn Sie in diesen Zustand des Einsseins eintreten, werden Sie merken, dass Sie wieder Ihre gottgegebene Schöpferkraft nutzen können. Und Sie werden wieder die Glückseligkeit genießen, die Sie aus früheren Zeiten mit Gott gekannt haben. Sie werden imstande sein, das Ebenbild und die Ähnlichkeit zu Gott, die Ihnen ursprünglich zu eigen war, wieder zu übernehmen.

VERBINDEN SIE SICH MIT IHREM HÖHEREN SELBST – DAS IST DAS BESTE, WAS SIE FÜR SICH TUN KÖNNEN!

*J*oey ist Krankenschwester im Hochsicherheitstrakt eines Gefängnisses. Sie ist schon seit 20 Jahren Gefängnisschwester. Die meisten anderen Gefängnisschwestern, die sie kennt, haben den Job gewechselt, weil sie ausgepowert waren. Doch sie macht weiter und kümmert sich um die Menschen, um die sich, wie sie sagt, "kein anderer schert."

Was hält sie aufrecht? Sie glaubt, dass es ihre Beziehung zu ihrer ICH BIN-Gegenwart und ihrem Christusselbst ist, die es ihr ermöglicht, weiterzumachen, wo andere schon aufgegeben haben. Sie lässt sich tagtäglich von diesen inspirieren und durch den Tag leiten. "Es ist das

Einzige, was mich am Leben erhält, mich gesund hält und mich diesen Job tun lässt. Sonst hätte ich schon längst gekündigt", sagt sie. In der Tat inspirierte ihre ICH BIN-Gegenwart sie einmal dazu, eine stille Revolution zu starten, die ihr den Job und den von dreihundert anderen Arbeitnehmern im Bereich Gesundheitspflege in Gefängnissen ihres Bezirks rettete.

Joey glaubt, dass ihre Gegenwart ihr auch den spirituellen Schutz bietet, den sie braucht, um ihre Arbeit verrichten zu können. Ihr Arbeitsumfeld ist, gelinde gesagt, feindselig. Krankenschwestern wurden gekidnappt. Bandenmitglieder haben bewirkt, dass die Arbeitsverträge von Angestellten, von welchen sie beleidigt wurden, aufgelöst wurden. Außerdem verklagen viele der Insassen den Bezirk, um eine bessere Behandlung zu erwirken. Die Schwestern legen kugelsichere Westen an, bevor sie einen bestimmten Trakt im Gefängnis betreten. Wenn Joey ihre Runden dreht, wird sie von zwei Sicherheitsbeamten begleitet.

Tagtäglich bittet sie ihre ICH BIN-Gegenwart und ihr Christusselbst um Lichtenergie und Schutz. Sie bittet sie, sie mit einem Zylinder von

Lichtenergie zu umgeben. Joey glaubt, dass diese Energie sie stützt und es ihr ermöglicht, den Gefängnisinsassen Liebe entgegenzubringen, ohne sich von den Beleidigungen, Beschimpfungen und Drohungen, mit welchen sie bombardiert wird, aus der Fassung bringen zu lassen.

Sie vergleicht die Energie, die von ihrer Gegenwart freigesetzt wird, in etwa mit einer Boje oder einer Rettungsweste, die sie umgibt und bei den schwierigsten Aufgaben abschirmt.

Joey ist dafür verantwortlich, die Häftlinge auf ansteckende Krankheiten, einschließlich AIDS und TBC, zu untersuchen. Sie glaubt, dass es das Licht ihrer Gegenwart ist, das sie dazu befähigt, selbst in den herzzerreißendsten Momenten noch weiterzuarbeiten, wie etwa, wenn sie das Opfer einer Vergewaltigung berät oder einen Gefängnisinsassen darüber informiert, dass er HIV-positiv ist.

Joey hat Muttergefühle zu vielen der Gefangenen, die sie als "meine Jungs" bezeichnet. Die Häftlinge spüren die Liebe, die sie ihnen entgegenbringt, und versuchen, ihr diese Liebe zurückzugeben. Sie schenken ihr kleine Kreuze, die sie aus den Fäden geflochten haben, die sie aus ihren

Socken getrennt haben. Anderen Inhaftierten befehlen sie, sie nicht zu bedrohen. "Rührt diese Schwester bloß nicht an", sagen sie.

Die Revolution im Stillen

Es war schon hart genug, allein in diesem Umfeld zu arbeiten, geschweige denn, darum kämpfen zu müssen, ihren Arbeitsplatz zu behalten. Doch eines Tages waren Joey und ihre Kollegen schockiert, als sie erfuhren, dass ihre Stellen gestrichen werden sollten. Laut der Planungen, die vom Kontrollgremium des Bezirks und der Gefängnisbehörde erwogen wurden, sollte das gesamte Krankenpflege-Personal des Gefängnisses entlassen und durch weniger gut ausgebildete, schlechter bezahlte Vertragspartner aus dem Bereich Krankenpflege ersetzt werden. Es schien, als stünden sie vor vollendeten Tatsachen.

Joey wusste, dass sie ihren Arbeitsplatz verlieren würde, und dass die neuen Mitarbeiter den Patienten nicht mehr das Pflegeniveau bieten würden, das sie brauchten. Vor ihrem geistigen Auge tat sich ein Alptraum zunehmender Gewalt, ja sogar Aufstände und ein Anstieg der ansteckenden Krankheiten auf. Sie und die anderen Schwestern waren niedergeschlagen. Wie konnten sie gegen die Entscheidung des Bezirks vorgehen?

Sie rief ihre Gegenwart an: "Sag' mir, was ich tun soll. Ich bin dafür offen." Ihre Gegenwart riet ihr, ihre frühere Chefin anzurufen, eine Krankenschwester im öffentlichen Gesundheitswesen. Zu ihrer Überraschung hatte diese Schwester gerade Erhebungen zu ähnlichen Maßnahmen vorliegen, die in anderen Gefängnissen durchgeführt worden waren. "Mir wurde klar, dass ich über eine Analyse der Kosten, der Buchhaltung und Daten verfügte – die detailliertesten Informationen, die im gesamten Land zu diesem ganzen Thema vorlagen", sagte Joey. Diese Informationen ergaben, dass die Privatisierung der Krankenpflege in Gefängnissen keine Einsparungen brachte, sondern in der Tat mehr Kosten verursachte.

Joey kopierte die Informationen, fasste sie in einem Protestbrief zusammen und nahm sie mit zur Arbeit. Sie nannte dies die "Revolution im Stillen". Bald hatte sie Hunderte von Unterschriften beisammen. Selbst die hartgesottensten Häftlinge starteten ihre persönliche Briefschreibe-Kampagne gegen den Plan.

Bei jedem neuen Schritt erklärte ihr ihre Gegenwart, was sie tun sollte. "Ich fragte einfach im Gebet jeden Tag grundsätzlich: 'Was soll ich tun?' Und ich hörte es ganz direkt. Ich wurde bei jedem Schritt geführt."

Am Tage der Anhörung vor dem Kontrollgremium kamen einhundert Angestellte aus dem Gesundheitswesen. Joey war ihre Hauptrednerin. Sie hatte nur eine Minute lang die Gelegenheit, das Ruder herumzureißen.

"Ich hatte keine Ahnung, was ich sagen würde, als ich dort aufstand", erinnert sie sich. Doch dann übernahmen ihre ICH BIN-Gegenwart und ihr Christusselbst die Kontrolle. "Ich sprach einfach die Worte, die ich in meinem Kopf hörte – und sie waren perfekt."

Das Gremium überprüfte die Angelegenheit erneut und entschied sich, andere Lösungsmöglichkeiten zu untersuchen. Die anderen Mitglieder des Pflegepersonals waren verblüfft und restlos begeistert. "Du hast es geschafft – du hast uns gerettet!", sagte der Kieferchirurg. Heute, drei Jahre später, stehen die Kürzungen im Gesundheitswesen immer noch aus.

Joey arbeitet weiterhin mit den Gefangenen – und ihren täglichen Gebeten an ihre ICH BIN-Gegenwart, die Kraft, die sie weitermachen lässt und ihr Leben lenkt.

ZUSÄTZLICHE NEBENEFFEKTE

Joey erfuhr nur einige der Wohltaten der beständigen Kommunikation mit ihrem Höheren Selbst. Sie wurde geführt und geleitet, erhielt Liebe und Unterstützung in einer schwierigen Situation. Es gelang ihr auch, ein in ihr schlummerndes Talent zu entdecken – das Reden in der Öffentlichkeit.

Jeder von uns hat verborgene Talente. Diese sind als "Schatz im Himmel" gespeichert. Auf der Abbildung Ihres Höheren Selbst (s. S. 57) werden diese Talente durch die farbigen Ringe dargestellt, die die obere Gestalt umgeben. Diese Ringe, die in Wirklichkeit ineinandergeschachtelte Kugeln sind, bilden den Kausalkörper – den Speicher für die Energie, die Sie in diesem Leben, ja sogar in vergangenen Leben, positiv belegt haben.

Stellen Sie sich das vor! All die Energie, die Sie positiv eingesetzt haben, all die Energie, die Sie in die Liebe, Fürsorge, in Wachstum und Lernen gesteckt haben, steht Ihnen zur Verfügung!

Dieser Kausalkörper ist ein Wohnsitz, den Sie für Ihre ICH BIN-Gegenwart geschaffen haben. Sie können Ihre Gegenwart bitten, Ihnen Ihre gesammelten Talente zukommen zu lassen, so dass Sie diese nutzen können, um noch mehr Gutes zu tun.

Wenn Sie das Einssein mit Ihrer ICH BIN-Gegenwart erfahren, werden Sie merken, dass Sie nun geführt und geleitet werden, und es Ihnen leichter fällt, diese Talente zu nutzen. Sie werden sogar immer größere Segnungen erfahren, während Sie weiter auf das beständige Einssein mit Ihrer ICH BIN-Gegenwart zusteuern.

Bei seinem Aufstieg wurde Jesus eins mit der ICH BIN-Gegenwart. Um mit Ihrer ICH BIN-Gegenwart eins zu werden, müssen Sie zunächst lernen, sich mit dem Christusselbst zu identifizieren, das der universelle Christus ist, der für jeden von uns persönlich individuell geworden ist. Das Christusselbst erweckt Sie zu Ihrer Identität als Sohn oder Tochter Gottes und hilft Ihnen auf dem Weg zur Vereinigung mit der ICH BIN-Gegenwart.

Obgleich der Aufstieg Jesu in der Bibel so beschrieben wird, als würde Jesus in die Wolken aufsteigen, ist der Aufstieg in Wirklichkeit ein spiritueller Prozess, und zwar eine Beschleunigung des Bewusstseins. Auch wir sollen eins mit der ICH BIN-Gegenwart werden, während wir durch unsere eigene Verklärung, unsere Auferstehung und unseren Aufstieg voranschreiten.

WAS IST DER CHRISTUS?

Jesus sagte zu ihnen: "Ich kam, um euch die menschlichen Möglichkeiten zu zeigen. Was von mir geschaffen wurde, kann jeder schaffen. Und was ich bin, wird jeder Mensch sein."

Altes tibetisches Manuskript, zitiert von dem russischen Anthropologen Nicholas Roerich in seinem Werk "Himalaya" aus dem Jahre 1926

Sie besitzen ein Christusselbst. Ich besitze ein Christusselbst. Doch üblicherweise identifizieren wir niemanden außer Jesus selbst mit dem Christus. Viele Menschen wissen übrigens nicht, dass das Wort "Christus" vom griechischen "Christos" abstammt. Es bedeutet "der Gesalbte". Jesus wurde Christus genannt, weil er mit dem Christusselbst eins und auf diese Weise mit dem Licht

Gottes, der ICH BIN-Gegenwart, gesalbt wurde. Jeder von uns kann ebenfalls mit seinem Christusselbst eins werden.

Viele von uns glauben, dass nur Jesus der Christus sein kann, weil das Christentum uns erzählt, dass Jesus der einzige Sohn Gottes ist. Dieser Gedanke hat seine Wurzeln in einem Missverständnis des Evangeliums des Johannes, speziell des ersten Kapitels von Johannes, das das Wort Gottes beschreibt. In Johannes 1, 14 heißt es: "Und das Wort ward Fleisch und wohnte unter uns, und wir sahen seine Herrlichkeit, eine Herrlichkeit als des einzigen Sohnes vom Vater, voller Gnade und Wahrheit."

Einerseits erklärt uns dieser Satz, dass Jesus das "Wort" ist, Gottes einziger Sohn. Doch diejenigen Leser von Johannes, die den griechischen Kontext des "Wortes", des "Logos", verstanden, haben daran eine andere Bedeutung abgelesen. Sowohl griechische Philosophen als auch jüdische Mystiker benutzten das Wort "Logos", um den Teil Gottes zu beschreiben, der in der Welt agiert und Mittler zwischen dem Schöpfer und seiner Schöpfung ist. Das "Wort" ist in gewissem

Sinne Gottes Sohn, da es als Instrument des Schöpfers agiert.

Wenn Menschen lesen, dass das "Wort" Fleisch wurde und unter uns lebte, folgern sie natürlich, dass Jesus das "Wort" ist. Was sie jedoch nicht erkennen, ist die Tatsache, dass Johannes, als er sagte, "das Wort wurde Fleisch", damit nicht meinte, dass Jesus Gottes einziger Sohn war. Er meinte, dass das "Wort", Gottes einziger Sohn, sich im Fleisch Jesu manifestiert hatte.

> *"(...) Wir sind nun Gottes Kinder; und es ist noch nicht erschienen, was wir sein werden. Wir wissen aber, wenn es erscheinen wird, dass wir ihm gleich sein werden; denn wir werden ihn sehen, wie er ist."*
>
> 1. Brief des Johannes 3, 2

Der Verfasser des Johannesbriefes war sicherlich mit der jüdischen mystischen Auffassung vertraut, dass bedeutende Menschen als Personifizierung des "Logos" oder des Sohnes agieren konnten. Wenn Johannes also schreibt, dass Jesus der "Logos" ist, meint er damit nicht, dass er uns davon ausschließen möchte, ebenfalls mit dem Logos eins zu werden. Er sagt nur, dass Jesus, der

Mensch, eins mit dem Logos, dem einzigen Sohn, wurde.

Jesus war die Inkarnation des Wortes. Das bedeutet jedoch nicht, dass er die einzige Inkarnation war. Der einzige Sohn ist der universelle Christus, der für jeden von uns in Gestalt des Christusselbst individuell geworden ist. Jeder, der mit dem Christusselbst eins wird, kann als "der Christus" bezeichnet werden. Der Christus ist auch immer derjenige, der mit dem Licht der ICH BIN-Gegenwart gesalbt ist. Wie Johannes schrieb: "Das war das wahrhaftige Licht, welches alle Menschen erleuchtet, die in diese Welt kommen."[5]

Einige der frühen Christen glaubten, dass jeder dazu bestimmt ist, eins mit dem Logos zu werden. Clemens von Alexandria, ein Kirchenvater aus dem zweiten Jahrhundert, berichtet uns, dass jeder Mensch, das "Ebenbild des Wortes [Logos]" in sich trägt.[6]

Paulus erinnerte uns daran, dass es das Los eines jeden Christen ist, der Sohn zu werden. Im Brief an die Römer schreibt er, dass Gott beabsichtigte, dass die Christen "wahre Ebenbilder seines Sohnes [des Wortes] würden, so dass sein Sohn

[Jesus] der Älteste von vielen Brüdern sein würde."[7]
Mit anderen Worten: Wir sollen zum Wort, zum
Logos oder Christusselbst werden, wie Jesus es
wurde. In den folgenden Abschnitten werden wir
erfahren, wie uns dies gelingen kann.

> *Jesus sagte: "Wer aus meinem Munde*
> *trinken wird, wird werden wie ich. Ich*
> *selbst werde zu ihm werden, und die*
> *Dinge, die verhüllt sind, werden ihm*
> *offenbart werden."*
>
> Thomasevangelium, Vers 108

Juans Geschichte

Juan wuchs in einer katholischen Familie auf. Er verehrte Jesus und die Heilige Mutter Gottes. Als Kind betete er das Vaterunser und das Ave Maria jede Nacht vor dem Einschlafen. Im Alter von acht Jahren, als er die erste heilige Kommunion empfing, betrachtete er Jesus als seinen besten Freund. Doch bald begann er, sich über Jesus zu ärgern, ja sogar, neidisch auf ihn zu werden.

Wie kann es sein, so fragte er sich, dass Gott nur einen einzigen Sohn erschaffen hat? Warum hat er ausgerechnet Jesus dazu auserwählt und nicht jemand anderen?

"Jede Nacht, wenn es Zeit zum Beten war, legte sich eine große Last auf mein Herz, weil ich diese Gefühle hatte", sagte Juan.

Er bat um Antworten. Einige Tage später erwachte er mit einem Gefühl des Friedens. "Ich war der Überzeugung, dass Jesus direkt zu meinem Herzen gesprochen hatte", sagte er. Jesus hatte zu ihm gesagt: "Ich bin dein älterer Bruder. Ich werde dir beibringen, in meinen Fußstapfen zu gehen. Du bist ein Sohn Gottes."

Diese Überzeugung behielt Juan von seinem elften Lebensjahr an, bis er erwachsen wurde und herausfand, dass das "Summit Lighthouse" die gleiche Lehre vermittelte. Aus seinem Gespräch mit Jesus hat sich eine universelle Wahrheit eröffnet: Wir alle sind dazu bestimmt, die Hand unseres Christusselbst zu ergreifen und in den Fußstapfen Jesu Christi, unseres älteren Bruders, zu wandeln.

BEGEGNEN SIE IHREM HEILIGEN CHRISTUSSELBST – IHREM BESTEN FREUND, BESCHÜTZER UND LEHRER

*J*esus erklärte das Mysterium des Christusselbst beim letzten Abendmahl. Er nahm einen einzigen Brotlaib – der das eine "Wort", den einen Christus, symbolisierte –, brach ihn und sprach: "Dies ist mein Leib, der für euch gebrochen wird."[8]

Er meinte: "Dies ist der Leib des universellen Christus, der für jeden von euch in Gestalt des Christusselbst individuell geworden ist." Obgleich es nur einen absoluten Gott und einen universellen Christus gibt, kann der Leib jenes universellen Christus gebrochen werden. Jeder Teil enthält all die Qualitäten des Ganzen.

Jesus forderte seine Jünger auf, das Brot zu essen. Mit anderen Worten – sie sollten es assimilieren und mit dem universellen Christus eins

werden. Mark Prophet, der Begründer des Summit Lighthouse, hat es in einem Vortrag, den er 1970 hielt, sehr schön zusammengefasst. Er sagte:

> "Ich sehe Gott als einen großen Laib. Christus, der universelle Christus, bricht diesen Laib. Die Stücke betrachte ich als individuelle Monaden, euch und mich. Wir alle sind Brotkrumen, die vom Tisch des Herrn gefallen sind. Wir alle sind einzelne Wassertropfen vom unendlichen Ozean. Wir alle haben die Qualitäten des gesamten Ozeans, der unendlichen Wirklichkeit, in uns, doch uns fehlt es an Menge. Nur durch die Vereinigung mit dem Ozean, wenn der glänzende Tautropfen ins Meer fällt, nur wenn wir mit Gott und unserem wahren Selbst verschmelzen, können wir zu all dem werden, wozu wir bestimmt sind. Es ist unser Gefühl der Getrenntheit von Gott, das uns von der Wirklichkeit unseres Selbst abhält."

Der erste Schritt, den Sie im Prozess der Wiedervereinigung mit Ihrer ICH BIN-Gegenwart tun können, besteht darin, Ihre Beziehung zu Ihrem Christusselbst auszubauen – zu Ihrem inneren Lehrer, Beschützer und besten Freund. Er ist auch die Stimme Ihres Gewissens, die in Ihrem Herzen spricht und Ihnen zeigt, was richtig und falsch ist.

> *"Wenn ihr anfangt, in euch das Bild Christi zu entwickeln und es sich ausdehnen und durch euch hindurchscheinen lasst, werdet ihr anfangen zu leben."*
>
> Mark L. Prophet

Emerson schreibt von einem "unsichtbaren Piloten", der dem Christusselbst ähnelt. Wir selbst können diesen Piloten nicht sehen, so sagt er, da er gleichsam wie jemand ist, der direkt hinter uns geht. Er vergleicht diesen Piloten mit einem Kind, das von hinten ein anderes Kind spielerisch an den Ohren lenkt, so dass der andere seinen Kopf nicht wenden kann, um sich nach ihm umzusehen.[9]

Das Christusselbst ist die unsichtbare Hand, die Ihnen hilft, das zu sehen, wo Sie aufgrund Ihrer Verhaltensmuster blinde Flecken haben mögen. Viele dieser Muster sind durch Ihre Handlungen in der Vergangenheit entstanden. Das Christusselbst hilft Ihnen auch, zu entscheiden, welcher der beste Weg für Ihre Seele ist.

Ihr Christusselbst folgt Ihnen wie ein Schatten, wo immer Sie gehen und stehen. Es erlaubt Ihnen, immer "christusbewusst" zu sein, oder, um es anders auszudrücken, das "Christusbewusstsein zu haben". Wenn Sie das Christusbewusstsein besitzen, zweifeln Sie nie und haben niemals Ängste. Sie haben größtes Vertrauen in Ihre Fähigkeit, das zu vollenden, was Sie sich vorgenommen haben. Sie erhalten Inspiration und Führung.

Wenn Sie erst unter der Führung Ihres Christusselbst wandeln, können Sie beginnen, mit ihm eins zu werden. Damit kommen Sie auch automatisch dem Einssein mit Ihrer ICH BIN-Gegenwart näher.

Emerson schrieb, dass man, wenn man dem unsichtbaren Piloten gehorcht, von diesem gleichsam "adoptiert wird". Die betreffende Person wird dann eins mit dem Piloten. Wird jemand mit dem unsichtbaren Piloten vereint, so erhält man "mehr und größere Weisheit" und führt ein "himmlisches Leben."[10]

Wenn Sie Ihrem Christusselbst, dem "unsicht-baren Piloten", näherkommen, werden Sie erken-nen, dass Ihr Christusselbst Ihr wahres Ich ist. Sie werden merken, dass Sie mehr Zeit als Ihr wahres Selbst verbringen, als Teil Gottes, und nicht mehr so oft, von Gott abgeschnitten sind. Letztendlich werden Sie, wie Jesus auch, Ihren Aufstieg erleben, wenn Sie mit Ihrer ICH BIN-Gegenwart eins werden.

Der Aufstieg ist vollendet, wenn Sie mit Ihrer ICH BIN-Gegenwart verschmolzen sind. Obgleich der Weg zum Aufstieg eine Reise vieler Leben ist, können Sie ihn, wenn Sie Ihre Aufmerksamkeit völlig darauf konzentrieren, am Ende Ihres ak-tuellen Lebens erreichen. Als Vorbereitung auf den Aufstieg müssen Sie üben, mit dieser Gegen-wart eins zu werden.

SO VEREINIGEN SIE SICH MIT
IHREM HÖHEREN SELBST

"Wie oben, so unten" – diese vier Worte sind die Quintessenz einer längeren Maxime, die im ersten oder zweiten Jahrhundert von einem griechischen Lehrer verfasst wurde, der das Pseudonym "Hermes Trismegistos" verwendete. Die vollständige Maxime lautet:

"Alles, was unten ist, ist genau so wie das, was oben ist, und alles, was oben ist, ist genau so, wie das, was unten ist, um das Wunder des Einen zu vollenden."[11]

Diese Maxime beinhaltet den Schlüssel zu unserer Verbindung mit dem Höheren Selbst.

Dieses Prinzip soll bedeuten, dass alles, was oben ist, d.h. in der Welt des Geistes, auch unten sein kann, in der materiellen Welt. Ihre ICH BIN-Gegenwart, die Quelle der Kraft und der spirituellen Energie, ist in der spirituellen Welt. Wenn Sie es sich in räumlichen Dimensionen vorstellen möchten, können Sie sich vorstellen, wie die ICH BIN-Gegenwart irgendwo zwischen 2 und 20 Metern über Ihrem Kopf schwebt, je nach Zustand Ihres Bewusstseins.

Indem Sie als Affirmation aussprechen, dass Sie hier unten Ihre vollständige ICH BIN-Gegenwart sind, die sich oben befindet, können Sie diese Maxime in Ihrem Leben verwirklichen.

DIE DREIFACHE FLAMME UND DIE SILBERSCHNUR: IHRE VERBINDUNG ZU GOTT

Sie können ganz zu Gott hier unten werden, da Sie einen Teil des Göttlichen in Ihrem Herzen versiegelt bei sich tragen. Es ist ein göttlicher Funke, ein spirituelles Teilchen Gottes, das es Ihnen ermöglicht, mehr des Gleichen magnetisch anzuziehen. Dieser Funke, der auch als die "dreifache Flamme" und "Flamme des Heiligen Christus" bekannt ist, ist Ihre Autorität, die die ICH BIN-Gegenwart anruft und schöpft, wie Gott es tut.

Simeon, der Neue Theologe, ein byzantinischer Theologe des elften Jahrhunderts, sprach von einer Flamme im Herzen: "Welches Wort kann dies beschreiben! ... Ich sehe ein Licht, das die Welt nicht besitzt. Ich sitze in der Zelle und sehe in mir den Schöpfer der Welt."[12]

Die Chandogya Upanishade, ein heiliger hinduistischer Text, erklärt uns Folgendes: "Das Licht, das jenseits allen Dingen auf Erden scheint, und über uns alle hinaus, ... ist das Licht, das in unseren Herzen scheint."[13]

Dieser Funke wird vom Licht Gottes genährt, das als gebündelter Energiestrom zu uns herabkommt und als "Kristallschnur" bezeichnet wird (s. Abb. S. 57). Der Verfasser des "Predigers Salomo" nennt dies "Silberschnur".[14]

Dieser Strom des Lichtes Gottes, der wasserfallartig herabströmt, befähigt uns, zu denken, zu fühlen, das Leben zu erfahren und spirituell zu wachsen. Indem Sie den Lichtfluss erhöhen und daher dieses Band verstärken, können Sie Ihre spirituelle Kraft hier auf Erden steigern und Ihre ICH BIN-Gegenwart näher zu sich heranziehen.

*"Möge Gott das Herz mit seiner
Gegenwart befeuern."*
Ralph Waldo Emerson[15]

So erhöhen Sie den Lichtfluss

Es gibt zwei grundlegende Methoden, die Sie benutzen können, um den Lichtstrom, der von Ihrer Gegenwart auf Sie herabkommt, zu erhöhen. Die Erste geschieht durch Meditation und Kontemplation über Ihre Gottesgegenwart und die Flamme in Ihrem Herzen. Wenn Sie sich in der Meditation oder im Gebet auf diese Flamme konzentrieren, ziehen Sie das Licht von Ihrer ICH BIN-Gegenwart in Ihr Herz. Folglich erweitern Sie den Teil des Himmels, der aus Ihrem Herzen leuchtet. Sie bekräftigen die Aussage: "Wie oben, so unten", und werden von Gott einen größeren Anteil empfangen.

Eine andere Möglichkeit, um den Lichtstrom von Ihrer ICH BIN-Gegenwart zu erhöhen, besteht im Sprechen von "Dekreten", einer Gebetsform, die Anfang des 20. Jahrhunderts in Amerika entwickelt wurde.* Das Sprechen von Dekreten ist der wichtigste Schritt, den Sie tun können, um Ihren Aufstieg noch in diesem Leben zu verdienen. Diese Methode bewirkt die Freisetzung einer enormen Menge an spiritueller Kraft und Energie zu Ihren Gunsten. Wenn Sie diese Energie für gute Werke benutzen, rücken Sie der Vereinigung mit Gott ein Stück näher.

In Dekreten wird der Name Gottes "ICH BIN DER ICH BIN" eingesetzt. Als Gott zu Moses aus dem brennenden Busch sprach, enthüllte er, dass sein Name lautet: "ICH BIN DER

---

* Das Prinzip des Einsatzes der Formel "ICH BIN DER ICH BIN" in einem Gebet wurde von Emma Curtis Hopkins entwickelt. Sie war zunächst eine Schülerin von Mary Baker Eddy, der Begründerin der "Christlichen Wissenschaft". Später begründete Hopkins die Bewegung des Neuen Denkens (New Thought movement). 1887 begann sie, den Begriff "Dekret" zu benutzen, um damit positive Affirmationen zu definieren, welchen die Formel "ICH BIN" vorangestellt war, wie etwa "ICH BIN ganz". 1931 begründeten Guy und Edna Ballard die religiöse "ICH BIN"-Bewegung ("I AM Movement"), die ebenfalls Dekrete einsetzte. Seit 1958 haben Mark und Elizabeth Prophet viele neue Dekrete von den Aufgestiegenen Meistern empfangen.

ICH BIN". Aus diesem Grund nennen wir die Gegenwart ICH BIN-Gegenwart.

Wenn Sie sagen: "ICH BIN DER ICH BIN", so bekräftigen Sie, dass Gott da ist, wo Sie selbst sind. In der Tat sagen Sie: "So, wie Gott im Himmel ist, ist Gott auch auf Erden in mir. Genau da, wo ich stehe, ist Gott. Ich bin der 'ICH BIN'." Jedes Mal, wenn Sie diesen Namen benutzen, lassen Sie die Maxime "Wie oben, so unten" Wirklichkeit werden.

Bei Dekreten benutzt man oft einfach nur den Wortlaut "ICH BIN" anstelle der gesamten Formel "ICH BIN DER ICH BIN". Sie können sagen: "ICH BIN ganz", "ICH BIN frei", "ICH BIN Liebe". Wenn Sie diese Affirmationen sprechen, während Sie sich auf Ihre ICH BIN-Gegenwart konzentrieren, meinen Sie damit: "ICH BIN ganz, genauso, wie meine ICH BIN-Gegenwart ganz ist" oder "ICH BIN die Liebe, genau so, wie meine ICH BIN-Gegenwart Liebe ist" usw.

Hier ein einfaches Dekret, das Sie auswendig lernen und immer wiederholen können: "ICH BIN ein unsterbliches, göttlich-freies Wesen!" Jedes Mal, wenn Sie sagen "ICH BIN", gefolgt von einem Wort oder einem Satz wie "ein unsterbliches, göttlich-freies Wesen", rücken Sie ein Stück näher an Ihre ICH BIN-Gegenwart.

Im folgenden Abschnitt werden Sie eine Gruppe von Dekreten kennen lernen, die Sie durch die Schritte leiten können, die zu einer dauerhaften Vereinigung mit der ICH BIN-Gegenwart führen können – zum Aufstieg.

DER WEG ZU GOTT AUF EINER PAPIERTÜTE

Mark Prophet schrieb viele Dekrete. Diese waren Enthüllungen von Aufgestiegenen Meistern – Heiligen und Weisen des Ostens und Westens, die durch die Vereinigung mit der ICH BIN-Gegenwart unsterblich geworden sind.*

---

* Aufgestiegene Meister sind erleuchtete spirituelle Wesen, die einst auf Erden lebten, ihren Daseinszweck erfüllt haben und aufgestiegen sind oder sich mit Gott wieder vereint haben. Ein Aufgestiegener Meister ist nicht mehr in einen physischen Körper gezwängt. Er oder sie bewegt sich in einem spirituellen Körper, eins mit Gott, allmächtig und allwissend, und führt uns und lehrt uns von den Lichtreichen aus.

Die folgenden Dekrete, die "Dekrete für Herz, Kopf und Hand", erhielt Mark vom Aufgestiegenen Meister El Morya. Mark empfing sie eines Tages, während er seinen Sohn auf seiner Zeitungsausträger-Route in Washington, D.C. chauffierte. Mark fand eine zerknüllte Papiertüte und einen Bleistiftstummel und schrieb alle acht dieser Dekrete während der Fahrt auf dieser Zeitungsausträger-Route nieder – in einer Hand den Stift, in der anderen das Steuerrad. Er musste weder auf Reime achten noch die Verse korrigieren oder überarbeiten, weil sie einfach aus seiner ICH BIN-Gegenwart und von El Morya strömten.

Diese Dekrete beschreiben die Stufen, die jeder von uns nimmt, um eins mit Gott zu werden. Wenn Sie diese täglich sprechen, werden sie Ihre spirituelle Reise fördern und Ihr Ziel neu bestätigen. Außerdem werden Sie beginnen, die Stufen, die Jesus auf seinem Weg nach Hause nahm, auf Ihre eigene Weise zu erfahren. Jedes Mal, wenn Sie diese Dekrete sprechen, rücken Sie schrittweise weiter an Ihre letztendliche Vereinigung mit der ICH BIN-Gegenwart und dem Christusselbst heran.

Als ich diese Dekrete Anfang der 60er Jahre erstmals benutzte, veränderten sie mein Leben. Für mich sind sie das Fantastischste, was mir je begegnet ist. Ich erkannte, dass ich durch Dekrete, die es ermöglichen, Gottes Lichtenergie gezielt zu steuern, zum Mitschöpfer Gottes werden konnte. Mein Leben war wie mit absoluter Begeisterung erfüllt und erneuert.

Sie können diese "Neugeburt" ebenfalls erleben, wenn Sie mit diesen Dekreten experimentieren und diesen auf dem Weg zu Ihrem eigenen Aufstieg im Lichte Gottes folgen.

Der Rest dieses Buches ist eine Reise durch die "Dekrete für Herz, Kopf und Hand" in einzelnen Etappen. Lesen Sie jedes dieser Dekrete sowie die entsprechende Erklärung der dazugehörigen Gedanken. Am Ende des Buches werden Sie die Dekrete nochmals aufgelistet finden, so dass Sie diese in Ihren täglichen Meditationen benutzen können.

BEREITEN SIE SICH AUF DIE VEREINIGUNG MIT IHREM HÖHEREN SELBST VOR, INDEM SIE IHREN KÖRPER, IHREN GEIST UND IHRE SEELE MIT DER VIOLETTEN FLAMME VERWANDELN

VIOLETTES FEUER

Herz
Violettes Feuer, oh du göttliche Liebe,
lodere in meinem Herzen!
Du bist Gnade für immer wahr,
halte mich stets im Einklang mit dir.

Kopf
ICH BIN Licht, du Christus in mir,
befreie meinen Geist für immer.

Violettes Feuer, leuchte stets
tief in diesem meinem Geist.

Gott, der du mir schenkst mein täglich' Brot,
erfülle meinen Kopf mit violettem Feuer,
bis deine himmlische Ausstrahlung
aus meinem Geist einen Lichtgeist macht.

Hand
ICH BIN die Hand Gottes in Aktion,
die jeden Tag den Sieg davonträgt.
Die höchste Freude meiner reinen Seele
ist es, den goldenen Mittelweg zu gehen.

VIOLET FIRE

Heart
Violet Fire, thou Love divine,
Blaze within this heart of mine!
Thou art Mercy forever true,
Keep me always in tune with you.

Head
I AM Light, thou Christ in me,
Set my mind forever free;
Violet Fire, forever shine
Deep within this mind of mine.

God who gives my daily bread,
With Violet Fire fill my head
Till thy radiance heavenlike
Makes my mind a mind of Light.

Hand
I AM the hand of God in action,
Gaining Victory every day;
My pure soul's great satisfaction
Is to walk the Middle Way.

Wenn man den ersten Vers der "Dekrete für Herz, Kopf und Hand" spricht, fühlt sich das an, als nähme man ein Bad oder eine Dusche - eine Dusche unter violettem Licht. Es gibt viele Energiefrequenzen, die von Ihrer Gegenwart ausgehen. Für das spirituelle Auge sind sie als Lichtstrahlen und vibrierende Flammen zu sehen. Doch nur die violette Flamme besitzt die einzigartige Eigenschaft, negative Energie verwandeln zu können. Sie verwandelt Hass in Liebe, Angst in Mut, Wut in Mitgefühl. Die violette Flamme ist auch als die Flamme des Heiligen Geistes bekannt. (Auf dem nebenstehenden Bild fliegt die Taube des Heiligen Geistes von Gott-Vater und Gott-Mutter, der ICH BIN-Gegenwart, als Botschafter der Hoffnung, des Trostes und der Freude herab.)

Um in Kontakt mit Ihrer ICH BIN-Gegenwart und Ihrem Christusselbst zu treten, müssen Sie sich zunächst mit der violetten Flamme reinigen. Warum ist das nötig? Sie brauchen nur über all das nachzudenken, was Sie seit Ihrer Geburt getan haben, und was Ihnen alles passiert ist.

Emotionaler und mentaler Müll haben sich in Ihnen und um Sie herum abgelagert – vom ersten Wutanfall in Ihrer Kindheit bis hin zum letzten Streit mit Ihrem Liebsten, von herablassenden Bemerkungen Ihrer Eltern oder Geschwister, bis hin zu heftigen Erfahrungen, die sich in Ihre Psyche eingegraben haben. Ihr physischer

Körper ist ganz verstopft von den Rückständen all der Dinge, die Sie gegessen, getrunken, geraucht und eingeatmet haben – von Pestiziden und Chemikalien in der Nahrung bis hin zu Drogen und Smog. Der erste Schritt zur Einheit mit Ihrer Gegenwart besteht darin, sich dieser Ansammlung von negativer Energie zu entledigen.

Das Dekret "Violettes Feuer" ist in drei Teile aufgeteilt – "Herz", "Kopf" und "Hand". Während Sie es sprechen, stellen Sie sich vor, wie das violette Licht diese besagten Teile Ihres Körpers umhüllt. Beim Herzen sehen Sie, wie die violette Flamme die Erinnerung an Hass, Wut und Angst auflöst. Sie können visualisieren – oder mit Ihrem geistigen Auge sehen – wie die violette Flamme Ihr Herz umhüllt und mit jedem Herzschlag mitpulsiert.

Während Sie den Abschnitt für den "Kopf" sprechen, sehen Sie, wie Ihr Geist von allen negativen und beschränkenden Vorstellungen über Sie selbst sowie von Unwissenheit und mentalen Blockaden gereinigt wird. Sie können sogar sehen, wie die Zellen Ihres Gehirns von Verschmutzung, Drogen, Chemikalien und Nikotin gereinigt werden. Denn eine der Aktivitäten der violetten Flamme ist es, den physischen Körper zu reinigen und zu heilen.

Ihre Hand ist das Werkzeug, mit dem Sie in der Welt agieren. Während Sie die violette Flamme in Ihre Hände lenken, sehen Sie nicht nur, wie diese Ihre Hände umhüllt, sondern auch Ihren gesamten Körper. Sehen Sie, wie sie die Erinnerungen an all die Dinge auflöst, von welchen Sie wünschen, Sie hätten sie nie begangen.

Wenn Sie dieses Dekret "violettes Feuer" täglich sprechen, werden Sie feststellen, dass Sie sich mit größerer Freiheit bewegen, befreit von den Bürden, die auf Ihnen lasteten. Sie werden klarer denken und entschlossener handeln. Außerdem werden Sie imstande sein, leichter mit Ihrem Höheren Selbst in Kontakt zu treten, sobald Sie Führung oder Leitung benötigen.

Chris' Geschichte

Chris, ein Grafikkünstler, betet gern fünf Minuten am Tag zur violetten Flamme. Er sagt, dass es seine Lebensqualität verbessert. Wenn er seine Dekrete zur violetten Flamme spricht, fühlt er sich, als hätte er die Energie, das zu erledigen, was er tun muss. Wenn er es vergisst, fühlt er sich meist eher so, als hielte er ein Nickerchen.

Ohne die violette Flamme schleppt er sich normalerweise durch den Tag und hat gerade so viel Energie, dass er seine Arbeit verrichten kann. Doch wenn er daran denkt, die violette Flamme anzurufen, fühlt er sich plötzlich so, als strebe er seinem Ziel entgegen – Lesen, Studieren oder Ausgehen und neue Freundschaften schließen.

Er sagt: "Wenn ich die violette Flamme anrufe, ist das so, wie all jene alltäglichen Dinge wie Zähneputzen und Vitamine einnehmen."

So schützen Sie Ihre Anbindung an Ihr Höheres Selbst und erhalten diese aufrecht

"Ich will eine feurige Mauer umher sein und will mich herrlich darin erzeigen."

Sacharia 2, 9

Säule des Lichts

Geliebte strahlende ICH BIN-
Gegenwart,
versiegele deine Säule aus Licht um mich,
das stammt von Aufgestiegener Meister Flamme,
die ich jetzt anrufe in Gottes Namen.
Möge sie meinen Tempel freihalten

von aller Zwietracht, die mir
geschickt wird.
ICH rufe das violette Feuer an,
alles Verlangen zu erhellen und zu
verwandeln.
Es möge brennen im Namen der
Freiheit,
bis ICH BIN eins mit der
violetten Flamme.

TUBE OF LIGHT

Beloved I AM Presence bright,
Round me seal your Tube of Light
From Ascended Master flame
Called forth now in God's own name.
Let it keep my temple free
From all discord sent to me.

I AM calling forth Violet Fire
To blaze and transmute all desire,
Keeping on in Freedom's name
Till I AM one with the Violet Flame.

Ob Sie nun Taxifahrer, Hausfrau, Rechtsanwalt oder Verkäufer sind – Sie können die Notwendigkeit erkennen, inmitten einer kritischen Situation die Ruhe zu bewahren. Den ganzen Tag lang werden Sie möglicherweise von den Ängsten, negativen Meinungen und exzentrischen Forderungen anderer Menschen bombardiert. Wie bleiben Sie dabei zentriert und im Frieden?

Die Säule des Lichts ist eine undurchdringliche Lichtmauer, die Sie vor negativen Energien und körperlichen Schäden schützt. Sie ist eine "Erweiterung" Ihrer ICH BIN-Gegenwart, die als Antwort auf Ihren Ruf herabsteigt. Sie können sich die Lichtsäule um sich herum wie eine riesige Milchflasche vorstellen, die ca. 2,5 Meter im Durchmesser misst, wie einen Zylinder aus Energie, der mit strahlend weißem Licht gefüllt ist. Er beginnt an Ihrer ICH BIN-Gegenwart und erstreckt sich bis etwa einen Meter unter Ihren Füßen.

Dieser Zylinder aus stählernem, weißem Licht hält negative Energien fern und versiegelt die violette Flamme im Innern. Somit hilft er Ihnen dabei, Ihre Anbindung an Ihre ICH BIN-Gegenwart und an das Heilige Christusselbst aufrechtzuerhalten.

Er schützt Sie vor Energien des Hasses, der Wut und des Neides, ja sogar davor, sich von den Vorstellungen anderer Menschen beeinflussen zu lassen, wie Sie sein, denken oder handeln sollten.

Wenn Sie Ihren Tag mit der "Säule des Lichts" beginnen, können Sie sich diesen Schutz holen, bevor Ihnen irgendeine negative Energie oder Gefahr begegnet. Obgleich die Säule des Lichts nicht durch negative Energien von außen durchdrungen werden kann, kann sie sich zerstreuen, wenn Sie Ihre Aufmerksamkeit von Ihrer ICH BIN-Gegenwart abziehen. Sie kann auch zeitweise Risse bekommen, wenn Sie nervös werden oder sich aufregen.

Da sich die meisten von uns ablenken lassen und keine konstante Verbindung mit ihrer Gegenwart aufrechterhalten, ist es am besten, dieses Dekret jeden Morgen zu sprechen, um dieses Kraftfeld des Lichts um Sie herum erneut zu festigen. Sie können dies auch verstärken, indem Sie es in Abständen während des Tages mehrmals wiederholen. Wann immer Sie das Dekret "Säule des Lichts" sprechen, ist es ratsam, es dreimal hintereinander zu sprechen.

Sie werden feststellen, dass Sie in dem Dekret das violette Feuer auffordern, "alles Verlangen zu erhellen und zu verwandeln". Hier bedeutet "verwandeln", es in göttliche Energie umzuwandeln. Wir möchten jene Verlangen umwandeln, die uns von Gott trennen. Sobald wir eine Verbindung mit Gott über die ICH BIN-Gegenwart haben, wird automatisch das auf uns zukommen, was für unsere Seele jeweils am besten ist.

Es ist eine gute Idee, ein Bild der Darstellung Ihres wahren Selbst vor sich zu haben, wenn Sie das Dekret sprechen, denn dies unterstützt Sie dabei, die Säule des Lichts um Sie herum zu visualisieren. Sie können das Dekret jedoch auch sprechen, wenn Sie die Darstellung nicht sehen – im Auto oder bei Ihren täglichen Hausarbeiten – solange Sie vor Ihrem geistigen Auge ein festes Bild der Säule des Lichts haben.

Kobinas Geschichte

Kobina stand jeden Tag daheim vor dem Altar und rief seine Säule des Lichts an. Während er auf das Bild mit der Darstellung des Höheren Selbst blickte, visualisierte er, wie die Lichtsäule um ihn herum von seiner ICH BIN-Gegenwart herabströmte. Er konnte den spirituellen Schutz spüren, den er erhielt. Doch er hatte mit diesem Schutz auch schon eigene Erfahrungen physischer Art gewissermaßen "aus erster Hand" gemacht.

Kobina war ein hochrangiger Minister der Regierung von Kwame Nkrumah, des Präsidenten von Ghana in Westafrika. 1966 initiierte eine Gruppe von Armeeoffizieren einen blutigen Anschlag. Soldaten besetzten das Wohngebiet rings um die Residenz des Präsidenten, die einer Festung glich, und begannen, in die Häuser zu feuern.

Kobinas erste Sorge galt seiner Familie, die gleich neben Nkrumah wohnte. Er ging nach Hause, steckte sie ins Auto und brachte sie vom Haus weg. Die Soldaten bemerkten sie und begannen, auf den Wagen zu schießen, doch sie entkamen unverletzt. In der Tat erinnert sich Kobina: "Keine einzige Kugel berührte auch nur den Wagen oder irgendeinen von uns." Mehr als zwanzig Menschen wurden an jenem Tag in und um das Haus des Präsidenten herum getötet und über vierzig verletzt, doch Kobina und seine Familie konnten entkommen. War dies einfach "ein glücklicher Zufall"?

Später bekam Kobina weitere Beweise für den Schutz durch die Säule des Lichts. Nachdem er seine Familie in Sicherheit gebracht hatte, kehrte er nach Hause zurück, um einige seiner Habseligkeiten zu holen. Die Soldaten, die die Anhänger Nkrumahs verhaftet und erschossen hatten, nahmen ihn ebenfalls fest und hatten vor, ihn zu töten. Irgendwie taten sie es aber nicht, sondern brachten ihn in eine Baracke, wo einige andere Politiker festgehalten wurden. Später

wurde er von der neuen Regierung freige-
sprochen.

Als es ihm gestattet wurde – von Soldaten begleitet – nach Hause zurückzukehren,
stellte er fest, dass das gesamte Haus geplün-
dert worden war, bis hin zu den Glühbirnen.
Doch eines hatten die Plünderer nicht mit-
genommen – das Bild mit der Darstellung
des Höheren Selbst. Er erinnert sich daran,
dass die Soldaten ihm erzählten, dass die
Plünderer versucht hatten, es mitzunehmen.
Doch "jedes Mal, wenn sie es versuchten,
bekamen sie einen elektrischen Schlag ver-
passt, wie von Feuer. Also haben sie es zurück-
gelassen." Diese Geschichte machte überall
die Runde, so dass viele Menschen in Ghana
einen großen Respekt vor der ICH BIN-
Gegenwart entwickelten.

Kobinas Erfahrung schenkt folgendem Vers
aus den Psalmen eine neue Bedeutung: "Wer
unter dem Schirm des Höchsten sitzt und
unter dem Schatten des Allmächtigen bleibt."

Er sagt uns, dass wir, wenn wir unser Bewusstsein auf das Licht unserer ICH BIN-Gegenwart richten, unter dem Schutz und Schatten unseres Gottes leben werden. Wir können wahrhaftig mit dem Herrn sprechen: "Dass du nicht erschrecken müssest vor dem Grauen der Nacht, vor den Pfeilen, die des Tages fliegen."[16]

Erweitern Sie Ihre eigenen Grenzen, indem Sie sich selbst und anderen verzeihen

Vergebung

ICH BIN die Vergebung, die hier wirkt,
die alle Zweifel und Furcht vertreibt,
und die alle Menschen für immer befreit durch ihre Flügel des kosmischen
Sieges.
ICH BIN der Ruf in voller Kraft,
der jede Stunde um Vergebung ruft.
An alle Lebewesen an jedem Ort
verströme ich meine verzeihende Gnade.

FORGIVENESS

I AM Forgiveness acting here,
Casting out all doubt and fear,
Setting men forever free
With wings of cosmic Victory.

I AM calling in full power
For Forgiveness every hour;
To all life in every place
I flood forth forgiving Grace.

Vergebung ist der nächste Schritt auf dem Weg zur Vereinigung mit Ihrer ICH BIN-Gegenwart. Wenn Sie vergeben, stellen Sie wieder Ihr Einssein mit Ihrem Christusselbst her. Sie befreien sich auch von selbstbeschränkenden Glaubensüberzeugungen und der Fesselung an andere Menschen. Jedes Unrecht, das Sie einem anderen angetan haben, und jeder Groll, den Sie gegen das Unrecht hegen, das Ihnen angetan wurde, trennt Sie von Gott.

Wenn es Ihnen nicht gelingt zu vergeben, verletzen Sie sich selbst am meisten. Wie M. Scott Peck schreibt: "Der Grund dafür, weshalb wir anderen vergeben sollten, ist nicht deren Heil ... Der Grund, weshalb wir vergeben sollten, ist unser eigenes Seelenheil. Unsere eigene Gesundheit. Denn abgesehen davon, dass wir diesen Aspekt zur Heilung brauchen, hören wir auf zu wachsen und unsere Seelen beginnen zu verdörren, wenn wir an unserer Wut festhalten."[17]

Indem Sie anderen vergeben, befreien Sie sich selbst sowie auch jene. Eine Frau namens Teresa erfuhr, wie Dekrete zur Vergebung bemerkenswerte Veränderungen in ihr Leben und das Leben derer bringen konnten, welchen sie vergab. Eines Tages fing sie an, jeden Tag regelmäßig die Dekrete für Vergebung zu sprechen. Bald begannen Bekannte anzurufen, um sich für Dinge zu entschuldigen, die zwanzig Jahre zurücklagen. Ihre Schwester rief an, um ihr mitzuteilen, dass sie endlich imstande war, ein altes Unrecht zu verzeihen. Und der Gewinn landete sogar noch näher am Zuhause – bei Teresas Ex-Mann und ihren Kindern.

Sieben Jahre waren seit Teresas Scheidung vergangen, doch sie empfand immer noch Verbitterung und Groll. Sie wusste, dass sie damit sich selbst, ihren Ex-Mann und ihre Kinder verletzte. "Ich begann, jeden Tag mehr daran zu arbeiten, alles ganz zu vergeben", sagte sie, "und dabei den Groll und den Schmerz loszulassen." Die Ergebnisse stellten sich umgehend ein. "Je mehr Dekrete ich sprach und dabei die violette Flamme und die Vergebung anrief, desto freudvoller wurde mein Leben."

Ihre Dekrete schienen auch ihren Ex-Mann zu beeinflussen. Er bat seine Kinder, ihm zu vergeben, dass er nicht da gewesen war, als sie kleiner waren. Er erklärte ihnen, dass er Aussagen über Teresa gemacht hatte, die nicht richtig waren, und er entschuldigte sich für den Schmerz, den er ihnen bereitet hatte. "Das ist wahrhaftig ein Wunder vorher nie dagewesener Ausmaße", sagte Teresa.

Die Vergebung einer einzigen Frau sorgte also dafür, dass eine gesamte Familie geheilt wurde und diese Frau auch an einen Punkt kam, an dem sie wieder glücklich war. Wahrhaftig sind Sie derjenige, der von Ihrer persönlichen Vergebung am meisten profitiert. Vergessen Sie nicht, wenn Sie vergeben, sich auch selbst zu vergeben. Manchmal ist das die schwerste Aufgabe überhaupt.

So vergeben Sie

Wir alle erinnern uns an etwas, von dem wir glauben, dass wir es niemals loslassen werden können – eine grausame Bemerkung, Schläge, ja sogar eine Enttäuschung, jemand, der nicht für uns da war, als wir Hilfe brauchten. Das Dekret zur Vergebung kann uns helfen, zu vergeben und loszulassen.

Bevor Sie das Dekret zur Vergebung beten, sollten Sie ein einfaches Gebet etwa folgender Art sprechen: "Ich schicke all denjenigen, welchen ich jemals Unrecht getan habe, sowie all denjenigen, die mir je Unrecht angetan habe, Vergebung." Beginnen Sie dann, das Dekret zu sprechen. Denken Sie an den Vorfall, von dem Sie immer geglaubt haben, ihn niemals überwinden zu können. Erlauben Sie es sich, die Wut zu spüren, die in Ihrem Inneren hochkocht.

Sehen Sie nun, wie eine tief pinkfarbene Flamme der Liebe jene Wut einhüllt. Sehen Sie dann, wie diese sich mit der violetten Flamme vermischt, die Sie bereits umgibt. Visualisieren Sie, wie die violette Flamme jene Wut verwandelt. Sehen Sie dann, wie die Flamme der Vergebung – tief pinkfarben, violett und purpur – sich in Ihrem Herzen ausdehnt und um die eigene Achse wirbelt. Sehen Sie, wie sie zu Lichtkugeln wird, die aus Ihrem Herzen streben. Beobachten Sie, wie diesen Kugeln Flügel oder Energiefäden wachsen und von Ihrem Herzen zu den Herzen derjenigen fliegen, welchen Sie vergeben müssen.

Wiederholen Sie jedes Mal, wenn Sie das Dekret sprechen, diese Visualisierung. Sehen Sie, wie die Kugeln sich weiter und weiter von Ihnen entfernen. Schicken Sie diese zu allen Menschen, die Ihnen einfallen.

Wenn Sie sich selbst vergeben müssen, so sehen Sie, wie die Kugel aus violetter Energie über der Erinnerung an alles, von dem Sie sich wünschen, Sie hätten es nie getan, wie ein Feuerwerk zerbirst. Sehen Sie, wie die violette Energie all Ihre Gedanken und Gefühle, die in jenen Handlungen gebunden sind, ausradiert und auflöst. Werfen Sie all Ihre Schimpf und Schande und Ihr Schuldgefühl ins violette Feuer.

Es ist eine gute Idee, das Dekret zur Vergebung alle 24 Stunden mindestens einmal zu sprechen. Sie werden merken, dass die Erinnerungen an negative Ereignisse ihre emotionale Last verlieren werden, während die Energie, die in diesen gebunden war, freigesetzt wird. Zunächst werden die jüngeren negativen Ereignisse immer mehr aus Ihren Gedanken verschwinden, während sie umgewandelt werden. Dann werden Ereignisse aus der Vergangenheit beginnen, in den Vordergrund zu rücken. Diese Ereignisse werden wiederum weichen, wenn sie verwandelt werden, und lassen Sie befreit zurück, um in Ihrem Leben voranzuschreiten.

WIE SIE VOM UNIVERSUM ALL DAS BEKOMMEN, WAS SIE BRAUCHEN

VERSORGUNG

ICH BIN frei von Angst und Zweifel,
treib' Verlangen und Elend aus.
Weiß jetzt, dass immer alle guten Gaben
aus den höchsten Reichen kommen.

ICH BIN die Hand von Gottes ureigenster Quelle,
die die Schätze des Lichts strömen lässt.
Ich empfange nun die ganze Fülle,
um jede Not im Leben zu stillen.

Supply

I AM free from fear and doubt,
Casting want and misery out,
Knowing now all good Supply
Ever comes from realms on high.

I AM the hand of God's own Fortune
Flooding forth the treasures of Light,
Now receiving full Abundance
To supply each need of Life.

Sie meditieren auf die ICH BIN-Gegenwart. Sie haben sich mit der violetten Flamme gereinigt. Sie haben sich mit der Säule des Lichts geschützt und versiegelt. Sie haben sich entlastet, indem Sie vergeben haben.

Nun ist Ihre Aufmerksamkeit auf die Flamme in Ihrem Herzen konzentriert, ein Geschenk Ihrer Gegenwart. Sie scheinen in das Licht hineingezogen zu werden. Es wird heller und heller, nahezu blendend, und Sie haben das Gefühl, Sie würden auf diesen einen Punkt hin konzentriert.

Verlag

»Die Silberschnur«

Postfach 41

D-56590 Horhausen

K. A. Francis

OM – Die Essenz der göttlichen Energie

120 Seiten, broschiert
ISBN 978-3-89845-316-5
€ (D) 6,95

OM ist der Puls des Universums, der Ton des bewussten Seins. OM hallt in jedem Wort wider, in jeder Bewegung, die im Universum erzeugt wird, und begleitet uns ohne Anfang und Ende! Entdecken Sie die wesentliche Bedeutung von OM, damit OM in Ihrem Innern aufsteigen und Körper und Geist harmonisieren kann.

Ja, ich möchte gerne weitere Informationen erhalten.

Bitte senden Sie mir Informationen

○ per E-Mail *oder* ○ per Post

○ zum Verlagsprogramm

○ zu den Novitäten

○ zu Seminaren

Ihr Interesse wird belohnt!

Unter allen Einsendern verlosen wir monatlich 10 Exemplare unseres Buchtipps des Monats.

Einsendeschluss ist jeweils der 15. des laufenden Monats. Die Gewinner werden schriftlich benachrichtigt, der Rechtsweg ist ausgeschlossen.

Name, Vorname

Telefon   E-Mail

Straße, Hausnummer

Land, PLZ, Ort   Unterschrift

Ich erkläre mich damit einverstanden, dass der Verlag »Die Silberschnur« meine Daten zu Direktmarketingzwecken verwenden darf.

Auf einmal durchdringen Sie diesen Punkt und kommen auf der anderen Seite wieder hervor. Sie nehmen einen tiefen Atemzug. Sie treiben in einem See aus Licht.

Eine gigantische Seerose segelt friedlich auf Sie zu. Darauf sitzt eine schöne Frau, Lakshmi, die hinduistische Göttin des Wohlstandes und eine Personifizierung des einen Vater- und Mutter-Gottes. Sie trägt eine goldene Halskette und goldene Armreifen. In ihrer Hand hält sie eine Lotosblüte.

Die Blüte symbolisiert den größten aller Schätze, die Erlangung der spirituellen Kraft und der Perfektion durch Selbsterkenntnis – oder das Einssein mit dem Höheren Selbst. In der Lotosblüte hält Lakshmi den Schlüssel zur nächsten Phase Ihrer spirituellen Entwicklung.

In der hinduistischen Tradition schenkt Lakshmi als Überbringerin von physischem Wohlstand auch spirituellen Reichtum, wie etwa Intelligenz, Erleuchtung und das Erwachen zum Gott in uns. Gott möchte, dass Sie allen Reichtum besitzen, den Ihre Seele braucht. Dieser Teil der Reihe "Herz, Kopf und Hand" heißt

"Versorgung". Gott wird Sie mit all dem, was Sie brauchen, versorgen, sobald Sie die Blockaden entfernt haben, die zwischen Ihnen und Ihrer ICH BIN-Gegenwart und dem Christusselbst stehen. Diese Blockaden sind es vielleicht, die Sie davon abhalten, den Reichtum und das Talent zu bekommen, die Sie brauchen, um den Grund Ihres Daseins zu erfüllen.

Einer der wichtigsten Schritte, den Sie tun können, um die Blockaden zu entfernen, die Ihnen Ihren Reichtum versagen, besteht darin, die Energie aufzulösen, die Sie in Ihrer Angst und in Ihrem Selbstzweifel gespeichert haben. Sie wissen möglicherweise gar nicht, dass Sie diese Angst haben. Doch sie kann an die Oberfläche kommen, während Sie die Dekrete sprechen. Ist dies der Fall, so sollten Sie visualisieren, wie diese von der violetten Flamme aufgelöst wird.

Während Sie diese Angst und diesen Zweifel auflösen, setzen Sie Energie frei, die dann wieder als Reichtum und Talent zu Ihnen zurückkehren kann. Nachdem Sie sich vor Ihrem geistigen Auge vorgestellt haben, wie die violette Flamme diese Blockaden entfernt, können Sie Ihre Talente und all das visualisieren, was Sie brauchen und was zu Ihnen herabfließen soll.

Sehen Sie, wie diese Fülle von Ihrer Gegenwart als weiße Energiestrahlen herabkommt, die grün und golden angehaucht sind. Sobald diese Strahlen den Grund Ihres Herzens berühren, sehen Sie, wie diese in eine Flamme zerstieben – in eine smaragdgrüne Flamme. Sie können sogar sehen, wie diese Flamme in Ihrem Herzen von dieser grünen Farbe, umgeben von Violett, erglüht. Das Smaragdgrün symbolisiert den Reichtum – nicht nur in Form von Geld, sondern auch als aufkeimendes, neues Leben, Kreativität, Genialität und Ideenreichtum.

Wenn Sie die "Dekrete für Herz, Kopf und Hand" täglich sprechen und diese dabei dreimal, neunmal oder sogar 36-mal pro Sitzung wiederholen, werden Sie erleben, wie die Dinge, die Sie brauchen, durch die Kraft Ihrer ICH BIN-Gegenwart auf Sie zukommen – und eines Tages werden Sie sehen, wie die Göttin Lakshmi über ruhiges Wasser auf Sie zusegelt, mit einer Lotosblüte in der Hand ...

Ralphs Geschichte

Nach 18-jähriger Tätigkeit als Datentypist für "Pacific Bell Yellow Pages" schlug Ralph eine andere Laufbahn ein. Doch er war für die Arbeiten, für die er sich bewarb, überqualifiziert und wurde daher abgewiesen. Schließlich beschloss er, sich durch die Computerschule hindurchzuarbeiten, indem er einen Job als Betreuer für ältere Menschen annahm.

Er begann, gegen einen geringen Lohn und Unterkunft eine ältere Dame zu betreuen. Es war nicht die beste Situation. Die Bezahlung war so knapp bemessen, dass er gerade damit zurechtkam, und die Dame war negativ eingestellt. Außerdem wanderte sie oft nachts im Haus umher, stürzte und konnte nicht mehr aufstehen. Ralph half ihr geduldig wieder zurück ins Bett.

Er verlangte für diese Stunden verlorenen Schlafes keine Extrabezahlung. Doch er begann, den Teil "Versorgung" aus den "Dekreten für Herz, Kopf und Hand" neben anderen Dekreten zur Versorgung zu sprechen. Innerhalb von sechs Wochen kam es zu einer deutlichen Kehrtwendung in seiner finanziellen Situation. Die Tochter der Dame beschloss, Ralph eine Lohnerhöhung zu geben. Sie begann, ihm eineinhalb mal so viel dafür zu bezahlen, dass er nachts aufstand – doppelt so viel für die Wochenenden plus Extralohn für Spätschichten – und entlohnte ihn sogar rückwirkend. Das war nur der Anfang. Der Sohn der Dame gab ihm außerdem eine Bonus-Prämie in Höhe von 200 Dollar. Ralph setzte seine treue Fürsorge drei Monate lang fort, bis die Dame verstarb. Später erinnerte er sich: "Der Sohn und die Tochter der Dame waren so dankbar für meine Dienste, die über meine Pflichten weit hinausgingen, dass sie mir eine weitere Prämie geben wollten." Sie schenkten Ralph den Cadillac ihrer Mutter – er hatte zuvor einen alten VW Käfer gefahren.

Ralph bekam bald einen neuen Job, der besser bezahlt war und ihm die Wochenenden freihielt. Er ist dankbar für den spirituellen und materiellen Nutzen, den er von den Dekreten erhalten hat. Er sagt: "Die Lehren über das Höhere Selbst haben mich reicher gemacht, als ich mir je hätte träumen lassen, selbst als ich leere Taschen hatte."

IHR HÖHERES SELBST WIRD IHNEN HELFEN HERAUSZUFINDEN, WAS SIE AUS IHREM LEBEN MACHEN KÖNNEN

PERFEKTION

ICH BIN das Leben
unter Gottes Führung,
durchflute mich mit deinem
Licht der Wahrheit,
richte hierher Gottes Perfektion,
von aller Zwietracht befreie mich.

Veranker' mich fest und für immer
in der Gerechtigkeit deines Plans –
ICH BIN die Gegenwart der
Perfektion,
die das Leben Gottes im
Menschen lebt!

PERFECTION

I AM Life of God-Direction,
Blaze thy light of Truth in me.
Focus here all God's Perfection,
From all discord set me free.

Make and keep me anchored ever
In the Justice of thy plan –
I AM the Presence of Perfection
Living the Life of God in man!

Karen, die schon seit 23 Jahren eine bewusste Beziehung zu ihrer ICH BIN-Gegenwart hat, glaubt, dass ihre Gegenwart sie sowohl durch kleine als auch durch große Entscheidungen führt. Nun bringt sie ihren Kindern bei, die ICH BIN-Gegenwart anzurufen, wenn sie etwas nicht finden oder sich an etwas nicht mehr erinnern können – angefangen beim Lieblingsmessbecher bis hin zu einer vergessenen Telefonnummer.

"Ich kann Verabredungen oder Verpflichtungen vergessen, eine ganze Stunde lang damit vergeuden, in höchster Frustration nach etwas Ausschau halten. Doch wenn ich daran denke, um Hilfe zu bitten, ändern sich die Dinge", sagt Karen.

"Dann sage ich: 'Mächtige ICH BIN-Gegenwart, im Namen Christi, hilf mir, meine Geburtsurkunde wiederzufinden. Bring' sie mir auf der Stelle zurück.' Und siehe da, es blitzt ein Bild der Urkunde in meinem Geist auf, und ich sehe, wo ich sie hingelegt hatte."

Dies ist nur ein Beispiel dafür, wie hilfreich es bei Ihren täglichen Herausforderungen sein kann, wenn Sie mit Ihrer ICH BIN-Gegenwart und Ihrem Christusselbst in Resonanz stehen.

Dieses Dekret wird es Ihnen ermöglichen, Führung von Gott zu erfahren, wenn Sie diese brauchen. Das Dekret heißt "Perfektion", weil es die perfekten Muster Ihrer ICH BIN-Gegenwart und Ihres Christusselbst in Ihr Leben ruft. Womöglich werden Sie kein perfekter Mensch, wenn Sie dieses Dekret sprechen, doch Sie werden in Ihren Gedanken, Gefühlen, Worten und Taten Christus und Gott ähnlicher werden.

Wenn Sie im Fluss mit Gottes Perfektion leben, angebunden an Ihre ICH BIN-Gegenwart und an

Ihr Christusselbst, werden Sie feststellen, dass Sie sogar auf die widrigsten Situationen positiv reagieren, in dem Wissen, dass dieses Leben ein Test ist und jede richtige Antwort Sie ein Stück näher nach Hause bringt. Sie werden zu den Menschen geführt werden, die Sie treffen müssen, und zu den Situationen, die Ihnen helfen werden, alles zu lernen, was Sie wissen müssen, um Gottes Plan für Ihr Leben zu erfüllen.

Wenn Sie dieses Dekret sprechen, sehen Sie, wie Sie in einer leuchtend-blauen Energiekugel dastehen, einer Manifestation von Gottes Perfektion, die Ihnen helfen wird, den perfekten Plan Gottes zu sehen und auszuführen.

Susans Geschichte

Susan fühlte sich, als treibe sie orientierungslos im Nebel. Sie war auf der Suche nach einem bestimmten Heiler nach Oaxaca in Südmexiko gekommen. Doch er war nicht da, und niemand wusste, wo er war. Ihre Freunde interessierten sich hauptsächlich für Drogen, doch sie hatte begonnen zu überlegen, dass sie für ihr Leben etwas anderes wollte. "Ich wollte irgendwie nicht mehr das tun, was ich derzeit tat", sagte sie.

Sie dachte an ferne Freunde, die, bevor sie ihr Zuhause in Ohio verließ, überraschend bei ihr vorbeigekommen waren. Sie hatten ihr die "Dekrete für Herz, Kopf und Hand" gegeben. Sie waren begeistert von den Dekreten und bestanden darauf, dass sie mit ihnen gemeinsam die Dekrete laut wiederholte. Sie war es gewohnt gewesen, leise zu beten oder zu flüstern. Daher war sie von der Idee, Gebete laut zu sprechen, fasziniert. Als ihre Freunde die Dekrete leidenschaftlich wiederholten, folgte sie zweifelnd und hauchte sie nahezu. Ihre Freunde spürten einen Schub spiritueller Energie. "Kannst du es spüren? Kannst du es spüren?", fragten sie.

Sie spürte nichts Besonderes, doch sie hielt die Dekrete für interessant. Sie verstand nicht, was die ICH BIN-Gegenwart war, doch sie betrachtete die Dekrete als eine Möglichkeit, verschiedene Aspekte Gottes in ihr Leben zu ziehen. Sie schrieb sie auf ein Stück Papier ab, steckte das Papier in Ihre Geldbörse und vergaß es. Monate später reiste sie nach Mexiko. Jetzt, in einer Krisenzeit, erinnerte sie sich an die Dekrete und sagte zu sich: "Vielleicht hat diese Sache mit den Dekreten ja etwas Richtiges an sich. Ich werde es ausprobieren und schauen, ob es funktioniert."

Sie war es nicht gewohnt, täglich regelmäßig zu beten, und schon gar nicht, Gott um die Dinge zu bitten, die sie brauchte. Was sie jetzt brauchte, war Führung. Was wollte sie aus ihrem Leben machen?

Sie holte die Dekrete heraus, wanderte von ihrer Hütte in ein bewaldetes Gebiet und setzte sich unter einige Kiefern. Sie sprach die Dekrete einmal der Reihe nach laut, wie sie es bei ihren Freunden gehört hatte. Diesmal "spürte" sie es. Sie konnte eine Flamme spüren, die in ihrem Herzen brannte, genau wie die Flamme auf der Abbildung, die ihre Freunde ihr gezeigt hatten. Und sie hatte das Gefühl, geführt zu werden.

Sofort stand sie auf, und um sie herum war alles klar. Sie dachte: "Wow! Diese Sache funktioniert ja tatsächlich!" Sie erkannte, dass sie Mexiko verlassen und in die Vereinigten Staaten zurückkehren musste. Dort würde ihr dann gezeigt werden, was sie als Nächstes tun solle. "ICH BIN das Leben unter Gottes Führung", wiederholte sie. "Mir wird jetzt auf der Stelle Führung zuteil." Später erinnerte sie sich: "Der Nebel verschwand völlig aus meinem Kopf." Sie fuhr per Anhalter zur Küste, wo sie einen alten Mann traf, der sagte, er sähe so viel

Licht um sie herum, dass er sie für Erzengel Gabriel hielt. Kurz danach saß sie in einem Zug in die Vereinigten Staaten und hatte weiterhin das Gefühl, geführt zu werden.

"Es war, als würde meine ICH BIN-Gegenwart mich erst berühren, wenn ich irgendeine Bewegung machte. Ich war einfach allein gelassen, kam ins Trudeln und landete in all jenen verschiedenen Situationen, die wie Schlamm waren, bis ich bereit war zu sagen: 'O.k., ich brauche Gott' und bis ich das Dekret und die Anrufung sprach."

Sie sagt, dass die Gegenwart sie seitdem immer geführt hat. Sie hat nicht unbedingt das Gesamtbild gesehen, nur jedes Mal, wenn es erforderlich war, den nächsten Schritt. "Ich fühlte mich einfach total umsorgt. Ich konnte meine Hand in Gottes Hand legen und sagen: 'O.k., ich gehe dahin, wo du meinst, dass ich hingehen muss.'"

ÜBEN SIE FÜR IHRE VERWANDLUNG IN IHR GÖTTLICHES EBENBILD

VERKLÄRUNG

ICH BIN beim Wechseln aller meiner
Kleider, leg' Altes ab,
für den strahlend neuen Tag.
Mit der Sonne des Verstehens,
BIN ICH erleuchtet ganz und gar.

ICH BIN Licht, innen wie außen.
ICH BIN, was immer Licht ist.
Erfülle mich, befreie mich, preise mich!
Versiegle mich, heile mich, reinige mich!
Bis sie sagen, dass ich verwandelt bin:
Ich scheine wie der Sohn,
ich scheine wie die Sonne!

TRANSFIGURATION

I AM changing all my garments,
Old ones for the bright new day;
With the Sun of Understanding
I AM shining all the way.

I AM Light within, without;
I AM Light is all about.
Fill me, free me, glorify me!
Seal me, heal me, purify me!
Until transfigured they describe me:
I AM shining like the Son,
I AM shining like the Sun!

*D*ieses Dekret lädt Sie ein zu visualisieren, wie Sie Ihre Kleider wechseln – wie Sie alte, schmutzige Lumpen gegen ein strahlend weißes Gewand tauschen.

Die Idee, Kleider zu tauschen, wird in der spirituellen Literatur gern benutzt, um eine Verwandlung zu beschreiben. Als Jesus verklärt wurde, wurden seine Kleider so strahlend, dass seine Jünger ihn kaum anschauen konnten. Der heilige Paulus schrieb, er wollte sein "irdisches Haus" abbrechen und "in ein Haus im Himmel" einziehen.[18] Ein jüdischer, mystischer Text beschreibt eine Vision des Patriarchen Enoch, bei der er aus seiner "irdischen Kleidung" genommen und in "Kleider der Herrlichkeit" gesteckt wird.[19]

Wenn uns in der mystischen Literatur jemand erzählt, er tausche seine Kleider, meint er oft, dass er die Erfahrung gemacht hat, in Gott oder ein himmlisches Wesen verwandelt zu werden. In seiner Vision betrachtet sich Enoch selbst, nachdem seine Kleider getauscht worden waren, und findet, dass er wie einer der "Glorreichen" aussieht, die den göttlichen Thron umgeben. Dieses Dekret soll es Ihnen erleichtern, sich in ein göttliches Wesen zu verwandeln, in jemanden, der eins ist mit seiner ICH BIN-Gegenwart.

Die Verklärung, die Jesus erfuhr, ist ein Augenblick zeitweiliger Verwandlung, der dem Aufstieg, der dauerhaften Vereinigung mit dem ICH BIN DER ICH BIN, vorausgeht. Das Licht der Verklärung schafft eine Brücke zwischen Materie und Geist. Jedes Mal, wenn Sie dieses Dekret sprechen, können Sie sich vorstellen, wie Sie selbst mehr von Gottes Licht in sich aufnehmen und dem Augenblick Ihrer eigenen Verklärung näher rücken.

Sehen Sie, während Sie das Dekret wiederholen, wie ein weißes Gewand auf Sie herabfällt, als Symbol für Ihre Verwandlung. Denken Sie an etwas, was Sie an sich nicht mögen, und sehen Sie, wie es von diesem strahlenden, verwandelnden weißen Licht verzehrt wird.

Sehen Sie, wie das Licht in Ihr Herz herabströmt, und sehen Sie, wie sich das Licht Ihrer dreifältigen Flamme so weit ausdehnt, bis es so hell ist, dass es einer Sonne gleicht. Während Sie sagen: "ICH BIN so strahlend wie die Sonne", sehen Sie, wie dieses Licht sich ausdehnt und jeden Augenblick mehr erstrahlt. Sehen Sie, wie es so hell wird, dass Sie kaum noch hinschauen können.

Sehen Sie nun, wie Sie in diese Sonne eintreten und sich vor Ihrem eigenen Christusselbst verneigen. Stellen Sie sich dann vor, wie Sie beginnen, mit diesem Christusselbst zu verschmelzen.

Je öfter Sie dieses Dekret sprechen, desto näher werden Sie dem Tag kommen, an dem Sie, wie Jesus, wie die Sonne leuchten – die Sonne Ihres eigenen Gott-Vaters, Ihrer eigenen Gott-Mutter.

Joans Geschichte

Joan hatte einige Monate lang Dekrete zu Ihrer ICH BIN-Gegenwart gesprochen, als sie erlebte, dass sie mit ihrem Christusselbst eins wurde. Sie saß auf dem Sofa in ihrem Wohnzimmer und schaute mit ihren Kindern fern, als sie plötzlich um sich herum ein violettes Licht wahrnahm. Sie erhob sich vom Sofa und ging hinüber zum Spiegel, der über dem Kamin hing.

Als sie in den Spiegel blickte, sah sie, dass das gleiche, strahlende Licht zu ihr zurückgeworfen wurde. Anstelle ihres eigenen Gesichts sah sie das Gesicht ihres Christusselbst.

"Ich kann die Schönheit und Ganzheit dieser Erfahrung nicht ausreichend beschreiben", sagte sie. Sie beschrieb das Gesicht als unbeschreiblich schön und strahlend. Es hatte einen goldenen Teint.

Während dieser Erfahrung hatte sie das Gefühl, dass nichts sie verletzen konnte, während sie in das Licht gehüllt war. Nach

einiger Zeit spürte sie, dass ihr Christusselbst wieder zu einer höheren Bewusst-
seinsebene zurückkehrte.

Joan glaubt, dass sie diese Erfahrung von
Sicherheit, Schutz und Glück als Vorgeschmack
darauf machen durfte, wie es sein wird, wenn
sie dauerhaft mit ihrem Christusselbst eins
ist. Sie glaubt auch, dass andere diese Erfahrung ebenfalls machen können. "Wenn
diese Wirklichkeit für einen Menschen wahr
ist, so ist sie für alle wahr", folgerte sie.

Wenn Sie beginnen, Dekrete zu sprechen,
können auch Sie Ihr persönliches Erlebnis
des Einsseins erfahren, während Sie sich mit
Ihrem Bewusstsein Ihrer ICH BIN-Gegenwart und Ihrem Christusselbst nähern.

ERWACHEN SIE ZU IHREM GÖTTLICHEN WESEN

AUFERSTEHUNG

ICH BIN die Flamme der Auferstehung,
durchflute mich mit Gottes reinem Licht.
Jetzt beschleunige ich jedes Atom
ICH BIN befreit von allen Schatten.

ICH BIN das Licht von völliger
Gottes-Gegenwart.
ICH BIN das Leben in immerwähren-
der Freiheit.
Die Flamme des ewigen Lebens
erhebt sich nun zum Sieg.

RESURRECTION

I AM the Flame of Resurrection
Blazing God's pure Light through me.
Now I AM raising every atom,
From every shadow I AM free.

I AM the light of God's full Presence,
I AM living ever free.
Now the flame of Life eternal
Rises up to Victory.

Wenn wir das Wort "Auferstehung" hören, denken die meisten von uns an die Rückkehr Jesu ins Leben nach seiner Kreuzigung, oder aber an die Hoffnung, dass alle Christen am Ende der Zeit ins Leben zurückkehren werden. Doch Auferstehung bedeutet nicht unbedingt die Rückkehr des physischen Körpers ins Leben nach dem Tod.

Einige der griechischen Wörter, die im Neuen Testament mit "Auferstehung" übersetzt wurden, bedeuten auch "Erwachen". Im mystischen Sinne kann Auferstehung bedeuten, dass Sie von einem

Zustand, in dem Sie spirituell tot sind oder schlafen, in einen Zustand gebracht werden, in dem Sie spirituell lebendig und wach sind.

Die Auferstehung ist das Erwachen der Seele zu ihrer göttlichen Natur. Diese Erkenntnis, dass Sie Gott sind, geht über das rein intellektuelle Verstehen hinaus. Sie ist eine Bestätigung Ihrer Göttlichkeit und Manifestation dieser in jedem Partikel Ihres physischen und spirituellen Seins. Wenn Sie zu der Wahrheit erwachen, dass Sie Gott sind, beginnen Sie Ihre Verwandlung in das göttliche Wesen, das Sie im Moment der Schöpfung waren.

Wie die gnostische Schrift "Treatise on the Resurrection" ("Abhandlung über die Auferstehung") uns berichtet, ist "Die Auferstehung (...) die Enthüllung dessen, was ist, und die Verwandlung von Dingen, sowie ein Übergang in etwas Neues." Wer die Auferstehung hat, so erzählt uns der Text, "bekommt wieder, was am Anfang war".[20] Wenn Sie auferstanden sind, verstehen Sie nicht nur Ihre göttliche Natur. Sie haben auch Zugang zu der Kraft, die Sie im Augenblick der Schöpfung kannten, als Sie eins mit Ihrer ICH BIN-Gegenwart waren.

Wie die anderen Stationen auf dem Weg zur Vereinigung mit Gott, wird auch die Auferstehung in Stufen erreicht. Jedes Mal, wenn Sie das Dekret "Auferstehung" beten, wird Ihr gesamtes Wesen von der Flamme der Auferstehung durchflutet. Diese Flamme ist eine einzigartige Form von regenerativer spiritueller Energie.

Wenn Sie die Flamme der Auferstehung regelmäßig anrufen, wird diese allmählich Ihre spirituellen Energiezentren (oder Chakren) öffnen, so dass sie mehr Licht, insbesondere das Licht des Aufstiegs, empfangen können.

Obgleich die Flamme der Auferstehung auch einen wohltuenden Effekt auf den Körper haben kann, bewahrt sie die Menschen nicht notwendigerweise vor einem physischen Tod. Ihre primäre Funktion besteht darin, die Seele voranzutreiben, so dass sie in den Zustand ewigen Lebens eintritt, der die Vereinigung mit Gott ist.

Jesus sagte: "ICH bin die Auferstehung und das Leben. Wer an mich glaubet, der wird leben, ob er gleich stürbe; und wer da lebet und glaubet an mich, der wird nimmermehr sterben."[21]

Wenn wir Jesus nachsprechen und sagen: "ICH BIN die Auferstehung und das Leben" und weitere Dekrete zur Flamme der Auferstehung beten, erinnern wir uns selbst daran, dass wir in Wirklichkeit jetzt eins mit der ICH BIN-Gegenwart sind und auch auf ewig bleiben werden. Folglich werden wir auch, wie Jesus es versprochen hat, auf ewig leben, auch wenn wir sterben – unsere Seelen werden ewig leben, wenn unsere Körper schon längst zu Staub geworden sind.

Wie die Flamme der Auferstehung auf unsere Körperzellen einwirkt

So, wie die Flamme der Auferstehung Ihre Seele verwandelt, kann sie auch Ihren Körper neu vitalisieren. Wenn Sie die Flamme der Auferstehung anrufen, beginnt sie, in Ihren Körperzellen zu arbeiten. Sie beginnt im Kern der Zelle und dehnt sich aus, bis sie jeden Teil Ihres Körpers, Ihres Verstandes und Ihrer Emotionen durchflutet und erfüllt.

Einige Menschen haben festgestellt, dass sie, wenn sie die Flamme der Auferstehung anrufen, die Umkehr von Alterserscheinungen und Krankheitsbildern spüren können. Andere werden von einschränkenden Glaubensüberzeugungen über sich selbst befreit und mit dem Antrieb und der Fähigkeit erfüllt, die Dinge zu tun, die sie schon immer tun wollten.

Mark Prophet beschrieb körperliche, geistige und spirituelle Vorzüge des Einsatzes der Flamme der Auferstehung. Er sagte: "Ich habe festgestellt, dass sich, nachdem ich die Flamme der Auferstehung benutzt habe, mehrere Dinge ereignen. Ich bin allgemein körperlich stärker. Wenn ich geistig ermüdet war, stelle ich fest, dass mein Verstand sich wieder klarer konzentriert. Ich bemerke auch, dass ich ein Gefühl des Wohlbefindens verspüre, dass ich mich im Universum mehr zu Hause fühle, dass ich ein Gefühl der Unsterblichkeit bekomme."

Wenn Sie die Flamme der Auferstehung anrufen, wird Sie diese in jenes Gefühl der Unsterblichkeit hineinkatapultieren, während Ihr Körper und Geist zugleich neu vitalisiert werden.

VISUALISIERUNGEN FÜR DAS DEKRET
ZUR AUFERSTEHUNG

Visualisieren Sie, während Sie die Flamme der Auferstehung anrufen, eine perlmuttfarbene Flamme, die sich um die eigene Achse dreht und milchiges Licht, das von Pink- und Goldtönen durchzogen ist und ab und an in seinem Kern einen blauen Blitz aufflammen lässt, verströmt. Sehen Sie, wie diese Flamme jede Zelle und jedes Atom in Ihrem Körper umgibt, diese einhüllt und sie beschleunigt, so dass sie beginnen, sich schneller zu drehen. Sehen Sie, wie diese Flamme Ihren Geist und Ihre Emotionen verwandelt. Sie wird auch Ihre Seele verwandeln.

Wenn Ihre Dekrete zur Auferstehung zu einem täglichen Ritual geworden sind, werden Sie feststellen, dass Ihr gesamtes Wesen beschleunigt wird. Sie werden auch merken, dass die spirituellen Zentren am Scheitel Ihres Kopfes und in der Mitte Ihrer Stirn sich zu öffnen beginnen, wie Blumen, die sich der Morgenröte zuwenden.

Jeden Tag weiter aufsteigen

Aufstieg

ICH BIN das Licht des Aufstiegs,
der Sieg, der frei fließt.
Letztlich siegte das Gute
für alle Ewigkeit.

ICH BIN Licht, alle Last ist gewichen.
Ich erhebe mich in die Luft.
Mit ganzer Gotteskraft vergieße
ich an alle
mein wundersames Lied des Lobpreises.

Oh Jubel! ICH BIN der lebendige
Christus, der ewig Liebende.
Aufgestiegen nun mit ganzer Gotteskraft
– ICH BIN eine strahlende Sonne!

ASCENSION

I AM Ascension Light,
Victory flowing free,
All of Good won at last
For all eternity.

I AM Light, all weights are gone,
Into the air I raise;
To all I pour with full God Power
My wondrous song of praise

All hail! I AM the living Christ,
The ever-loving One.
Ascended now with full God Power,
I AM a blazing Sun!

*W*enn Sie aufsteigen, beschleunigt sich Ihre Seele bis zur beständigen Vereinigung mit Ihrer ICH BIN-Gegenwart. Manchmal, wie im Falle Jesu Christi, kann der physische Körper ebenfalls aufsteigen. Wenn Sie sich zum Zeitpunkt Ihres Aufstieges in einem physischen Körper befinden, hat es womöglich den Anschein, Sie würden in einer Wolke verschwinden, wie die Bibel über den Aufstieg Jesu berichtet. Ihre Atome und Moleküle würden in Frequenzen zu schwingen beginnen, die für das menschliche Auge nicht sichtbar sind, und Sie würden einfach den Blicken entschwinden.

Doch die meisten Menschen steigen nicht auf, während sie noch in ihrem physischen Körper verweilen. Wenn sie all die erforderlichen Bedingungen für ihren Aufstieg erfüllt haben, erfahren sie diesen kurz nach ihrem Tode.

Der Aufstieg ist die einzige Möglichkeit, um eine Reinkarnation auf Erden zu vermeiden – die Tatsache, dass man nach dem Tod erneut in einen physischen Körper gesteckt wird. Wenn Sie aufsteigen, gehen Sie von Raum und Zeit in die Ewigkeit über. Es ist nicht das Ende, sondern ein neuer Anfang. Denn nach dem Aufstieg besitzen Sie die Freiheit, sich durch andere Dimensionen zu bewegen und zu schöpfen, zu lernen und zu lieben wie niemals zuvor.

Um am Ende dieses Lebens aufzusteigen, müssen Sie mehr als die Hälfte Ihres Karmas aufgelöst haben – 51 Prozent, um genau zu sein.

Ihre Seele muss außerdem ihre Mission erfüllt haben und mit ihrem Heiligen Christusselbst eins geworden sein.

Nachdem Sie aufgestiegen sind, werden Sie als "Aufgestiegener Meister" bezeichnet. Viele andere Personen neben Jesus - von berühmten Heiligen bis hin zu stillen Dienern der Menschheit - sind in den letzten 2000 Jahren aufgestiegen.

Ich selbst war 18 Jahre alt, als ich erstmals erkannte, dass der Aufstieg das Ziel der menschlichen Existenz ist. Ich stand auf den Stufen der Kirche der christlichen Wissenschaft in meinem Heimatort Red Bank in New Jersey.

Seit meinem neunten Lebensjahr hatte ich die "christliche Wissenschaft" studiert. Wie die meisten christlichen Kirchen lehrt auch die "christliche Wissenschaft", dass Jesus der Einzige ist, der aufgestiegen ist. Doch die folgende Erfahrung ließ mich erkennen, dass jeder dazu bestimmt ist aufzusteigen, auch wenn ich nicht so recht wusste, wie.

Es war ein schöner Sonntagmorgen, und ich war in der Freude mit Gott. Plötzlich spürte ich eine Energie, ein heiliges Feuer, das auf mich herabkam. Es ließ mein Herz vor Freude noch höher schlagen. Aus dem Nichts heraus, ohne überhaupt zu verstehen, was ich sagte, hörte ich mich ausrufen: "Was – ich soll in diesem Leben noch meinen Aufstieg machen?!" Ich wusste es plötzlich einfach. Ich war verblüfft!

Nachdem ich gehört hatte, was ich gesagt hatte, dachte ich bei mir: "Was bedeutet das?" Ich wusste nicht, was der Aufstieg für mich bedeutete, oder wie er vonstatten gehen sollte – doch er war da.

Später erkannte ich, dass der Aufstieg das Einswerden mit Gott ist. Und der Aufstieg Jesu, wie er in der Bibel beschrieben ist, war in Wirklichkeit das erste Beispiel für eine spirituelle Erfahrung, die für jeden der Söhne und Töchter Gottes bestimmt ist.

Ich war so voller Freude darüber, dass ich erkannt hatte, dass dies das Ziel des Lebens ist – damit wir frei sein und mit Gott eins werden können! Keiner meiner irdischen Lehrer hatte mir das je erzählt. Ich hatte nie erfahren, dass der Aufstieg das große Ziel ist.

Einige Jahre später, als ich unter der Leitung der Aufgestiegenen Meister Saint Germain und

Jesus Christus lernte, erkannte ich, dass die Gegenwart, die damals auf jenen Stufen zu mir gesprochen hatte, Erzengel Gabriel war.

Es war Gabriel, der die Geburt Jesu dessen Mutter verkündete. Es war Gabriel, der Mohammed den Koran übergab, und es ist Gabriel, der jeder Seele den Aufstieg verkündet. Er erscheint jedem von uns, dem der Aufstieg möglich ist, in einem strahlend weißen Licht. Er verkündet: "Gott hat verfügt, dass du in diesem Leben deinen Aufstieg machen darfst, dass du dich mit ihm vereinen darfst und nie mehr wieder inkarnieren musst."

Wenn Sie denken, Sie hatten dieses Erlebnis auf Seelenebene, oder einfach glauben, dass Sie Ihren Aufstieg in diesem Leben erfahren sollen, dann ist jetzt der Zeitpunkt, um Ihre Reise zu beginnen. Betrachten Sie Ihr Leben als Spirale, die sich nach oben windet, und sehen Sie sich selbst diese Spirale nach oben wandern. An der Spitze der Spirale, viele, viele Jahre in der Zukunft, sehen Sie das Zeichen der Unendlichkeit, die liegende 8. Sie stellt die Erfüllung Ihres Lebens dar, den Aufstieg.

Fassen Sie folgenden Entschluss: "Das ist der Punkt, den ich am Ende meines Lebens erreichen will. Ich werde mich immer schneller in das Gottesbewusstsein hineinbewegen und an jenem Punkt stehen. Dort werde ich mich wieder mit der lebendigen Flamme vereinen und für immer lebendig bleiben."

Die Aufgestiegenen Meister haben uns erzählt, dass es uns dabei helfen wird, unseren Aufstieg in diesem Leben zu erreichen, wenn wir sämtliche Dekrete für "Herz, Kopf und Hand", einschließlich des Dekretes zum Aufstieg, täglich sprechen, vorausgesetzt, wir haben die anderen Bedingungen ebenfalls erfüllt.

Visualisierungen für den Aufstieg

Die Flamme des Aufstiegs ist eine strahlende, funkelnde, weiße Energie. Stellen Sie sich vor, während Sie das Dekret "Der Aufstieg" sprechen, wie Sie selbst vom weißen Licht eingehüllt sind und eine Wendeltreppe nach oben steigen. Sehen Sie, wie das weiße Licht der Flamme des

Aufstiegs durch Ihr Wesen hochsteigt und Sie bei jeder Stufe weiter nach oben hebt, bis Sie ganz oben angekommen sind. Jedes Mal, wenn Sie sich vorstellen, ganz oben angekommen zu sein, bereiten Sie sich darauf vor, dass Ihr Aufstieg in Wirklichkeit stattfindet. Denn eines Tages werden Sie am oberen Ende der Treppe stehen, und die Flamme des Aufstiegs wird Ihr Herz und Ihre Seele in ihrer Schwingung beschleunigen, bis Sie in das Unzerstörbare verwandelt sind – in einen Sohn, eine Tochter Gottes.

> *"Nahet euch zu Gott, so naht er sich zu euch."*
>
> Brief des Jakobus 4, 8

Dekrete für Herz, Kopf und Hand
von El Morya

Violettes Feuer

Herz
Violettes Feuer, oh du göttliche Liebe,
lodere in meinem Herzen!
Du bist Gnade für immer wahr,
halte mich stets im Einklang mit dir.

Kopf
ICH BIN Licht, du Christus in mir,
befreie meinen Geist für immer.
Violettes Feuer, leuchte stets
tief in diesem meinem Geist.

Gott, der du mir schenkst mein täglich' Brot,
erfülle meinen Kopf mit violettem Feuer,
bis deine himmlische Ausstrahlung
aus meinem Geist einen Lichtgeist macht.

Hand
ICH BIN die Hand Gottes in Aktion,
die jeden Tag den Sieg davonträgt.
Die höchste Freude meiner reinen Seele
ist es, den goldenen Mittelweg zu gehen.
(Dreimal wiederholen.)

VIOLET FIRE

Heart
Violet Fire, thou Love divine,
Blaze within this heart of mine!
Thou art Mercy forever true,
Keep me always in tune with you.

Head
I AM Light, thou Christ in me,
Set my mind forever free;

Violet Fire, forever shine
Deep within this mind of mine.

God who gives my daily bread,
With Violet Fire fill my head
Till thy radiance heavenlike
Makes my mind a mind of Light.

Hand
I AM the hand of God in action,
Gaining Victory every day;
My pure soul's great satisfaction
Is to walk the Middle Way.

SÄULE DES LICHTS

Geliebte strahlende ICH BIN-Gegenwart,
versiegele deine Säule aus Licht um mich,
das stammt von Aufgestiegener
Meister Flamme,
die ich jetzt anrufe in Gottes Namen.
Möge sie meinen Tempel freihalten

von aller Zwietracht,
die mir geschickt wird.

ICH rufe das violette Feuer an,
alles Verlangen zu erhellen und zu verwandeln.
Es möge brennen im Namen der Freiheit,
bis ICH BIN eins mit der violetten Flamme.

TUBE OF LIGHT

Beloved I AM Presence bright,
Round me seal your Tube of Light
From Ascended Master flame
Called forth now in God's own name.
Let it keep my temple free
From all discord sent to me.

I AM calling forth Violet Fire
To blaze and transmute all desire,
Keeping on in Freedom's name
Till I AM one with the Violet Flame.

VERGEBUNG

ICH BIN die Vergebung, die hier wirkt,
die alle Zweifel und Furcht vertreibt
und die alle Menschen für immer befreit,
durch ihre Flügel des kosmischen Sieges.

ICH BIN der Ruf in voller Kraft,
der jede Stunde um Vergebung ruft.
An alle Lebewesen an jedem Ort
verströme ich meine verzeihende Gnade.

FORGIVENESS

I AM Forgiveness acting here,
Casting out all doubt and fear,
Setting men forever free
With wings of cosmic Victory.

I AM calling in full power
For Forgiveness every hour;
To all life in every place
I flood forth forgiving Grace.

Versorgung

ICH BIN frei von Angst und Zweifel,
treib' Verlangen und Elend aus.
Weiß jetzt, dass immer alle guten Gaben
aus den höchsten Reichen kommen.

ICH BIN die Hand von Gottes
ureigenster Quelle,
die die Schätze des Lichts strömen lässt.
Ich empfange nun die ganze Fülle,
um jede Not im Leben zu stillen.

Supply

I AM free from fear and doubt,
Casting want and misery out,
Knowing now all good Supply
Ever comes from realms on high.

I AM the hand of God's own Fortune
Flooding forth the treasures of Light,
Now receiving full Abundance
To supply each need of Life.

PERFEKTION

ICH BIN das Leben unter Gottes Führung,
durchflute mich mit deinem Licht der Wahrheit,
richte hierher Gottes Perfektion,
von aller Zwietracht befreie mich.

Veranker' mich fest und für immer
in der Gerechtigkeit deines Plans –
ICH BIN die Gegenwart der Perfektion,
die das Leben Gottes im Menschen lebt!

PERFECTION

I AM Life of God-Direction,
Blaze thy light of Truth in me.
Focus here all God's Perfection,
From all discord set me free.

Make and keep me anchored ever
In the Justice of thy plan –
I AM the Presence of Perfection
Living the Life of God in man!

VERKLÄRUNG

ICH BIN beim Wechseln aller
meiner Kleider,
leg' Altes ab, für den strahlend neuen Tag.
Mit der Sonne des Verstehens,
BIN ICH erleuchtet ganz und gar.

ICH BIN Licht, innen wie außen.
ICH BIN, was immer Licht ist.
Erfülle mich, befreie mich, preise mich!
Versiegle mich, heile mich, reinige mich!
Bis sie sagen, dass ich verwandelt bin:
Ich scheine wie der Sohn,
ich scheine wie die Sonne!

TRANSFIGURATION

I AM changing all my garments,
Old ones for the bright new day;
With the Sun of Understanding
I AM shining all the way.
I AM Light within, without;

I AM Light is all about.
Fill me, free me, glorify me!
Seal me, heal me, purify me!
Until transfigured they describe me:
I AM shining like the Son,
I AM shining like the Sun!

AUFERSTEHUNG

ICH BIN die Flamme der Auferstehung,
durchflute mich mit Gottes reinem Licht.
Jetzt beschleunige ich jedes Atom,
ICH BIN befreit von allen Schatten.

ICH BIN das Licht von völliger
Gottes-Gegenwart.
ICH BIN das Leben in
immerwährender Freiheit.
Die Flamme des ewigen Lebens
erhebt sich nun zum Sieg.

RESURRECTION

I AM the Flame of Resurrection
Blazing God's pure Light through me.
Now I AM raising every atom,
From every shadow I AM free.

I AM the light of God's full Presence,
I AM living ever free.
Now the flame of Life eternal
Rises up to Victory.

AUFSTIEG

ICH BIN das Licht des Aufstiegs,
der Sieg, der frei fließt.
Letztlich siegte das Gute
für alle Ewigkeit.

ICH BIN Licht, alle Last ist gewichen.
Ich erhebe mich in die Luft.
Mit ganzer Gotteskraft vergieße ich an alle
mein wundersames Lied des Lobpreises.

Oh Jubel! ICH BIN der lebendige Christus,
der ewig Liebende.
Aufgestiegen nun mit ganzer Gotteskraft,
ICH BIN eine strahlende Sonne!

ASCENSION

I AM Ascension Light,
Victory flowing free,
All of Good won at last
For all eternity.

I AM Light, all weights are gone,
Into the air I raise;
To all I pour with full God Power
My wondrous song of praise

All hail! I AM the living Christ,
The ever-loving One.
Ascended now with full God Power,
I AM a blazing Sun!

ANMERKUNGEN

1) Robert A. F. Thurman, Übersetzer, "The Tibetan Book of the Dead" ("Das tibetische Totenbuch"), New York: Bantam Books, 1994, S. 126.

2) Siehe H. P. Blavatsky, "Collected Writings 1889-1890" ("Gesammelte Werke 1889-1890"), Band 12, Wheaton, Ill.: Theosophical Publishing House, 1980, S. 531.

3) Ralph Waldo Emerson, "The Over-Soul" ("Die Überseele") in "Self Reliance: The Wisdom of Ralph Waldo Emerson as Inspiration for Daily Living" ("Selbstvertrauen – Die Weisheit von Ralph Waldo Emerson als Inspiration für das Leben im Alltag"), Herausgeber: Richard Whelan, New York: Bell Tower, Crown Publishers, 1991, S. 60.

4) Howard Thurman, "Disciplines of the Spirit" ("Diszi-
   plin des Geistes"), zitiert in "American Mysticism:
   From William James to Zen" ("Amerikanischer
   Mystizismus – von William James zum Zen"),
   Herausgeber Hal Bridges, Lakemont, Ga.: CSA
   Press, 1970, S. 54.

5) Johannes 1, 9. Alle Bibelzitate stammen, falls nicht
   anders angegeben, aus der King James Version.

6) Clemens von Alexandria, "Exhortation to the Greeks
   10" ("Aufruf an die Griechen 10"), zitiert in David
   Fideler, "Jesus Christ, Sun of God: Ancient Cos-
   mology and Early Christian Symbolism" ("Jesus
   Christus, Sonne Gottes – Alte Kosmologie und
   Symbolismus des frühen Christentums"), Wheaton,
   Ill.: Theosophical Publishing House, Quest Books,
   1993, S. 42.

7) Römer 8, 19, Jerusalem-Bibel.

8) 1. Korinther 11, 24.

9) "Transcendentalism" ("Transzendentalismus") in
   "Ralph Waldo Emerson on Man and God: Thoughts

Collected from the Essays and Journals" ("Ralph Waldo Emerson über den Menschen und Gott – Gesammelte Gedanken aus Essays und Zeitschriftenbeiträgen"), Mount Vernon, New York: Peter Pauper Press, 1961, S. 11.

10) A.a.O., S. 12.

11) Hermes Trismegistos, "The Emerald Tablet" ("Die Smaragdtafel") in Fideler, "Jesus Christ, Sun of God" ("Jesus Christus, Sonne Gottes"), S. 233.

12) Simeon, der Neue Theologe, zitiert in: Sergius Bolshakoff, "Russian Mystics" ("Russische Mystiker"), Kalamazoo, Mich.: Cistercian Publications, 1980, S. 35f.

13) Chandogya Upanishade 3, 13, 14, zitiert bei Kathleen Healy, "Entering the Cave of the Heart: Eastern Ways of Prayer for Western Christians" ("In die Kammer des Herzens eintreten – Östliche Wege des Gebets für Christen des Westens"), New York: Paulist Press, 1986, S. 102.

14) Der Prediger Salomos 12, 6.

15) Emerson, "The Over-Soul" ("Die Überseele") in "Self-Reliance" ("Selbstvertrauen"), S. 68f.

16) Psalm 91, 1 und 5.

17) M. Scott Peck, "Further Along the Road Less Traveled: The Unending Journey toward Spiritual Growth" ("Je weiter du gegangen bist, desto weniger bist du vorangekommen – Die unendliche Reise zum spirituellen Wachstum"), New York: Simon and Schuster, 1993, S. 46.

18) 2. Korinther 5, 1 und 2, neue, überarbeitete Standardversion, abgekürzt NSV.

19) 2. Enoch [A] 22, 8 und 10, in James H. Charlesworth, Herausgeber, "The Old Testament Pseudepigrapha" ("Die Pseudo-Apokryphen des Alten Testaments"), Garden City, New York.: Doubleday, 1983, 1, 139.

20) "Treatise on the Resurrection"("Abhandlung über die Auferstehung") 48, 31, 34-38, 49, 35-36, in James M. Robinson, Herausgeber, "The Nag Hammadi

Library in English" ("Die Nag Hammadi Bibliothek in englischer Sprache"), 3. überarbeitete Auflage, San Francisco, Harper and Row, 1988, S. 56.

21) Johannes 11, 25f. NSV.

Die Autorin

ELIZABETH CLARE PROPHET ist eine weltbekannte Autorin. Zu ihren populärsten Werken gehören "Chakren – deine sieben Energiezentren" (Silberschnur 2005) und eine Reihe von Taschenführern zu "Praktischer Spiritualität". Ihre bahnbrechenden Bestseller sind "Saint Germain – Aus der Fülle schöpfen" (Silberschnur 2008), "The  Lost Years of Jesus: Documentary Evidence of Jesus' 17-Year Journey to the East" und "Reincarnation: The Missing Link in Christianity" (noch nicht in Deutsch erschienen).

Elizabeth Clare Prophet ist eine Pionierin auf dem Gebiet der Erforschung von Techniken zur praktischen Spiritualität, wie etwa der kreativen Kraft des Klanges für das persönliche Wachstum und zur Verwandlung der Welt. Eine große Auswahl ihrer Bücher ist in etwa 30 Sprachen übersetzt worden und wird weltweit vertrieben.Elizabeth Prophet hat sich 1999 zur Ruhe gesetzt und lebte von 1999 bis zu ihrem Tod 2009 in den Rocky Mountains von Montana. Die bisher unveröffentlichten Werke von Mark L. Prophet und Elizabeth Clare Prophet werden nach wie vor von Summit University Press herausgegeben.

Für weitere Informationen zu Büchern, Kassetten, CDs in englischer Sprache und Seminaren zu den spirituellen Techniken dieses Buches wenden Sie sich bitte an: Summit University Press · 63 Summit Way, Gardiner, Montana 59030 Tel.: 406-848-9500 – Fax: 406-848-9555 www.summituniversitypress.com · info@summituniversitypress.com

184 Seiten, broschiert,
ISBN 978-3-89845-249-6
€ [D] 6,95

Elizabeth Clare Prophet

Die Engel dir zur Seite

In ihren vier Erzengel-Bänden hat sich die amerikanische Bestsellerautorin Elizabeth Clare Prophet als wahre Engelspezialistin erwiesen. In diesem Buch geht es um den oder die Schutzengel, die dem Menschen zum Schutz zur Seite gestellt sind. Christus selbst ist unser bedeutsamster Schutzengel, und er führt die anderen Schutzengel an, die unseren Weg begleiten. Doch wir haben nicht nur einen Schutzengel – wir haben viele. Der Leser wird behutsam durch praktische Übungen und interessante Enthüllungen in die Welt der Schutzengel entführt. So können wir lernen, all diese Engel in unser Leben zu integrieren.

152 Seiten, broschiert,
ISBN 978-3-89845-250-2
€ [D] 6,95

Elizabeth C. Prophet & Mark L. Prophet

Saint Germain

Aus der Fülle schöpfen

Fülle ist mehr als nur Geld. Fülle bezeichnet den Energiefluss, der sowohl als spiritueller als auch als materieller Reichtum aus der kosmischen Quelle zu uns herabströmt. Fülle bedeutet Liebe und Weisheit, Talente und Fähigkeiten, Geld und materielle Besitztümer – all das, was wir benötigen, um unsere Lebensaufgabe zu erfüllen. Die Möglichkeiten, aus der Fülle zu schöpfen, sind unbegrenzt, und anhand der Anleitungen eines der größten Meister, St. Germain, ist es auch Ihnen möglich, aus Ihrer persönlichen Alchemie der Fülle zu schöpfen ...

112 Seiten, broschiert
ISBN 978-3-89845-320-2
€ [D] 6,95

Elizabeth C. Prophet & Mark L. Prophet

Die kosmische Hierarchie

Dieses Einstiegsbuch zu den Weisheitslehren der Meister beschreibt die Existenz meisterlicher geistiger Wesen, die jenseits des Schleiers leben. Erfahren Sie mehr über:

- Die drei Reiche der kosmischen Hierarchie
- Den Kontakt zu kosmischen Wesen
- Die Hierarchen der sieben Strahlen

Vertiefen Sie sich in die verborgenen Dimensionen des Lebens, und lernen Sie durch die Begegnungen mit den Meistern, wie auch Sie die göttlichen Eigenschaften des Willens, der Weisheit und der Liebe verkörpern können.

192 Seiten, broschiert,
ISBN 978-3-89845-287-8
€ [D] 6,95

Elizabeth Clare Prophet

Mit Elementarwesen arbeiten
Zum Wohle der Erde

In vergangenen Goldenen Zeitaltern arbeiteten die Naturgeister und die Menschen Hand in Hand, und die Erde glich einem Garten Eden ... Doch dann kam eine Zeit, in der die Negativität des Menschen Eingang in die Welt fand und die Arbeit der Elementarwesen enorm erschwerte.

In diesem Buch werden Wege aufgezeigt, wie wir zurück zum »verlorenen Paradies« finden. Wir lernen, wieder im Einklang zu sein mit den Elementarwesen und sie in ihrer Arbeit zu unterstützen, um so erneut ein Goldenes Zeitalter für uns einzuläuten.

Weitere Bücher von Silberschnur unter www.silberschnur.de